YAMAKAWA LECTURES
4

ミヒャエル・ヤイスマン

国民とその敵

Reinhart Koselleck, der Lehrer und Freund,
hat Freiheit des Gedankens, künstlerische Kreativität und
wissenschaftliche Disziplin in einem vorgelebt.
Ihm sei dieses Buch gewidmet.

もくじ

DIE NATION UND IHRE FEINDE

VON MICHAEL JEISMANN

INHALT

ヤイスマンとドイツ・ナショナリズム研究

木村靖二

ヤイスマン氏との出会い

本書に収められた講演記録・論考は、二〇〇五年六月、共立女子大学でおこなわれた、編者の木村が主催するささやかな近現代ドイツ史研究会でのミヒャエル・ヤイスマン氏がおこなった報告「最後の敵」「諸国民の敵対」と、それに関連する小論を加えたものである。

ヤイスマン氏の訪日には次のような経緯があった。二〇〇四年秋、ドイツの政治、文化、歴史などを専門とする、あるいはそれに関心のある研究者やジャーナリストから成る日本ドイツ学会理事会では、二〇回目の総会を終えて、次の新しいサイクルに乗り出す最初の総会である翌年の第二一回総会シンポジウムに、何かそれにふさわしいテーマはないかを議論していた。そこには訳者の一人西山と私も加わっていたが、議論のすえテーマは戦後ドイツの総括と現状を考える「ドイツ――戦後六〇年目の肖像」と決まり、その基調講演者の一人にドイツから誰か適任者を招くことも合意された。しかし、具体的にどのような人がいるか思いあぐねていたところ、西山から戦後ドイツの歴史理解とドイツ統一後の新たな方向性を論じ、二〇〇四年にジャン・アメリー賞を受賞した挑戦的な著書『過去よ、さらば』で議論を呼んでいた、ヤイスマン氏の名前が挙げられた。理事会では西山を含めヤイスマンを直接知る人はいなかったが、氏の招聘案が了承され、西山がその交渉にあたった。その結果、氏の快諾を得たのである。木村はヤイスマンの『過去よ、さらば』は未見であったが、彼が『敵の祖国』(一九九二年刊、フランス語訳は一九九七年刊)の著者であることにはただちに気がついた。というのも、東京大学文学部在職中、一九九〇年代半ばにおこなった特殊講義「ドイツ史における異人と敵」の準備の過程で彼の著書を知り、その新しいアプローチに興味を覚え、講義においても有益な参考文献として紹介したからである。

二〇〇五年六月、日本ドイツ学会第二一回総会は東京大学本郷キャンパスで開催され、ヤイスマン氏は「過去よ、さらば」と題して講演した。[1] 氏の来日が決まったときから、私はこの機会を利用して、総会とは別に前述の研究会において氏に『敵の祖国』に関連するテーマを報告してもらい、氏と若い研究者との意見交換の場としたいと考え、氏の了承を得た。それが冒頭に記した研究会となったものである。

ヤイスマンと歴史教科書研究所・コゼレック

ミヒャエル・ヤイスマン氏は一九五八年旧西ドイツのノルトライン＝ヴェストファーレン州ミュンスターに生まれた。氏の父親はカール＝エルンスト・ヤイスマンであったと記せば、ドイツ教育史あるいは歴史教科書問題に関心のある人にはその名に思い当たることがあるかもしれない。一九七二年から始まった西ドイツ＝ポーランド教科書会議は、教科書における自国中心の歴史記述を克服するため、隣国との対話による改善をめざした事例として、今ではかなり知られるようになった。西ドイツ側でこの教科書対話の推進役となったのが、ブラウンシュヴァイク市にある国際教科書（ゲオルク・エッカート）研究所である。ヴェストファーレン＝リッペ教育大学学長であったカール＝エルンスト・ヤイスマンは一九七八年から八四年まで同研究所所長となり、ブラウンシュヴァイク大学の付属施設であった研究所を独立機関に発展させ、ポーランドのみならず当時のチェコスロヴァキアやフランスとのあいだでも教科書対話を広げることに尽力した[2]。

息子のヤイスマンはビーレフェルト大学で歴史学、文学、哲学などを学び、一九八二年以降ラインハルト・コゼレック教授の助手となり、彼の指導のもとで九一年に博士論文を完成させた。その間父と入れ替わるかたちで、八五年からはエッカート研究所の所員も兼務した。当時、研究所ではフランス歴史学の泰斗フェルナン・ブローデルと協力して、ヨーロッパ歴史教科書ハンドブックを作成する計画があり、ヤイスマンはその打合せのためにパリのブローデルを訪れたとのことである。しかし同年暮れにブローデルが亡くなったこともあって、結局この計画は陽の目を見ることはなかった。このようにみてくれば、ヤイスマンにとって国際教科書研究所の方向性が、ナショナリズム研究への関心を促すうえで大きな影響を与えたであろうことは容易に想像される。

他方ではヤイスマン自身感謝を込めて認めているように、歴史研究の方法や研究者としての姿勢では、指導教官であるコゼレック教授に多くを負っている。そのことはヤイスマンの概念史的研究手法からも容易に見て取ることができる。昨二〇〇六年二月八十二歳で亡くなったドイツ近代史家コゼレックは、日本ではドイツ史研究者や政治学の専門家以外あまり知られていないが、ドイツ歴史学の伝統を正統に継承する重鎮で、本レクチャーズ・シリーズで昨年刊行されたイギリスのジョン・ブルーアの論考にも、ユルゲン・ハバーマスと並んで彼が取り上げられていることが示すように、国際的にも高い評価を得ている歴史家である。[3] コゼレックを中心に編集された『歴史の基礎概念 ドイツにおける政治・社会用語歴史事典』七巻（索引を含めると九巻になる）が、二十世紀のドイツ歴史学を代表する記念碑的業績であることに異を唱える専門家はまずいないだろう。[4] ちなみに、ヤイスマンの論考にも関連する、事典の最終巻に収録されている「フォルク、ネーション、ナショナリズム、大衆」（Volk, Nation, Nationalismus, Masse）の項目は、コゼレックらが執筆している。

ヤイスマンの前述の著書『敵の祖国』は、コゼレックのもとで書かれた博士論文が基になっている。表題の『敵の祖国』は、内容を踏まえれば、『敵が創る祖国』とでも訳すのが正確であろうが、この見慣れない表題については来日したヤイスマンから次のようなエピソードを聞いた。最初コゼレックはこのタイトルを再考するようヤイスマンに求めたらしい。おそらく研究書として異例のタイトルから、学界の否定的な反応を招いたり、あるいは売行きに悪影響を与えるのではと思いやったのであろう。一般的にアングロサクソン系の研究者に比較的多くみられる、人目を引くように工夫をこらした表題や論文タイトルとは対照的に、ドイツの歴史研究書や論文は内容をそのまま示す、正確だがいかにも専門学術書という硬い表題のものが多い。ヤイスマンはこの点はどうしても譲れないといって、師の助言を押し切ったという。私がこの本を読むきっかけになったのは、この表題が印象的であったからだ、と告げたときの彼の得意げな顔は忘れられない。なお、氏は一九八二年に結婚し、現在三人の子どもの父であるが、夫人は氏自身の言葉によれば「ドイツの不倶戴天の敵フランス」の出身とのことである。

一九九三年から氏はドイツの代表的クォリティ・ペーパーの一つ、『フランクフルター・アルゲマイネ』紙の学芸欄編集者となって、現在にいたっている。この間も、バーゼル大学などでの講義をはじめ、評論・研究活動も続け、現在異文化間結婚の歴史をテーマにした著作に取り組んでいるとのことである。歴史家兼ジャーナリスト、あるいは歴史研究者からジャーナリストへの転身は、日本ではあまり例がないことかもしれないが、ドイツではたとえば朝日新聞に定期的にその評論が掲載されて、日本でも知られている『ツァイト』紙の編集長テオ・ゾンマー（彼は、日独同盟史で学位をとった歴史家で、その博士論文は一九六四年に『ナチスドイツと軍国日本――防共協定から三国同盟まで』として邦訳された）の例があるし、同じ『ツァイト』紙の書評欄編集者フォルカー・ウルリヒもドイツでは著名である。ウルリヒはハンブルク大学でドイツ現代史研究のパイオニアともいうべき故フリッツ・フィッシャー教授のもとで、ドイツ労働運動・ドイツ革命史を扱った優れた研究で博士号を取得し、その後も高い評価を受けたドイツ第二帝政史概観などを発表しつづけている現役の歴史家でもある。ヤイスマンはこうした系譜に属する一人とみなしてもよいであろう。

近代国家・近代ナショナリズムと「敵」

本書所収の三論考はいずれも、おもに彼の『敵の祖国』を踏まえ、その延長上に位置づけられるものである。以下では、彼のテーゼの目的とその射程について簡単に触れておこう。

彼の近代ナショナリズム、あるいは近代国家形成要因分析の中心的キー概念は「敵」である。ヤイスマンの語るところでは、コゼレックのゼミナールにおいて与えられた最初の課題が『ドイツ戦没学生の手紙』についての分析で、手紙のなかに敵国やその国民に対する敵愾心を見出せなかったことから、逆にナショナリズムにおける「敵」観念の存否に注目するようになったという。[5] なお「敵」概念への関心は、政治学者カール・シュミットからも学んだであろうことは、『敵の祖国』の参考文献リストにシュミットの著作が三冊も取り上げられていることからも推測できる。いずれにせよ彼はそこから、それまでの先行研究が示してきたナショナリズムの歴史的展開の説明を批判的にみるようになった。批判点の一つは、ナショナリズムの類型的・段階的把握に向けられる。これまでの研究の多くが、近代ナショナリズムの歴史過程を、平和的で自由民主主義的な性格のものから、攻撃的で人種主義的な非合理なものへの移行、あるいは解放的で対等志向のナショナリズムから、排他的で抑圧的な国民統合志向のナショナリズムへの移行、という枠組みで説明してきたこと、つまり、本来の善きナショナリズムからの退行の軌跡、悪しきものへの逸脱過程として考察してきたことに対する批判である。また移行が起こった理由は、それぞれの国家・社会が直面する内外の危機的状況、時代環境に求められてきた。先行研究に共通するこうした考察の枠組みへの疑義が、ヤイスマンの出発点となった。この枠組みはナショナリズムに潜む敵意の持続面を十分説明するのか、ヨーロッパ近代国民国家の形成過程では、敵意・敵対意識が決定的な構成要因ではなかったろうか、と。

『敵の祖国』では、一七九一年から第一次世界大戦期までの「長い十九世紀」におけるドイツとフランスの展開を共時的に追いながら、両国の主要な新聞や挿絵、パンフレットなどを広く分析し、「敵なくして、祖国なし」といういささか挑発的な表現を用いながら、「敵」が国民意識の不可欠の構成要素であることを強調する。国民を創り上げるうえで

「敵」がはたす不可欠な役割、政治的変動を超えて持続する自己・敵の規定、一国的な次元から普遍的な次元への飛躍の前段階としてあらわれる社会純化(同質化)の志向、この三点がドイツ、フランスの自己理解の共通点であることを確認し、同時にそれは両国共通の現象にとどまらず、広くナショナリズム一般に内在するものではないか、との問題を投げかける。時代の危機的状況といった外在的原因ではなく、ナショナリズムの不可分な内在的構成要素としての「敵」の存在という指摘は、それが暴力との連動を示唆するだけに、また「内なる敵」と重なり合うものだけに、二十世紀の歴史を理解するうえでも重要である。

このなかには方法論的にすでにナショナリズムの一国史考察への批判が含意されている。一国史批判、とくに国民国家史観批判は、現在では言い古された感があるが、一方でそれをどのように克服するのか、歴史研究としてどう具体化するのかという課題になると、依然として曖昧《あいまい》なままにとどまっているというのが実情であろう。ヤイスマンの研究と本書の諸論考には、ヨーロッパを隣国関係の連鎖の体系としてとらえる視点を読み取ることができる。これはヨーロッパ史全体の理解にも貴重な示唆を与えるものであろう。本書の諸論考にもみられるように、ヤイスマンは政治と社会を直接対象とするのではなく、この二領域をともに照射する言論・文学の場に焦点を当てるために、同時代の新聞評論、文学、詩などを主史料として使っている。この分析方法の有効性を考える際にも、本書の論考は参考となるだろう。

ヤイスマンとドイツ歴史学の潮流

氏の批判方向を戦後のドイツ歴史学の流れのなかでみると、一九七〇年代以降、伝統的歴史学からの訣別を掲げ、指導的潮流として国際的に注目されたハンス＝ウルリヒ・ヴェーラー[6]、ユルゲン・コッカらを中心とする社会科学的歴史学（批判的歴史学）にあることがわかる。彼らはビーレフェルト大学を中心に若手の研究者を集めて、そこからビーレフェルト学派とも呼ばれているが、その提唱はドイツ歴史学界の一時代を画したといってよい。もっとも、八〇年代からは、西欧諸国との比較からドイツの近代化の遅れを強調し、それをドイツ史の特殊性とみて、そこからナチズムにいたる歴史過程を説明しようとするヴェーラーらの「特有の道」論は、イギリスのイリーら若手研究者から[7]、またドイツでもトーマス・ニッパーダイなどから、それぞれ次元を異にした批判を招くようになった。同じビーレフェルト大学で、ヤイスマンがなぜコゼレックに師事したかをたずねたことはないが、

『敵の祖国』においてヴェーラーの業績への言及がほとんどみられないことからも、彼がその潮流と距離をおいていたことは明らかである。『敵の祖国』ではなおヴェーラーらへの明示的な批判は避けているが、本書の諸論考ではヴェーラー、コッカに近いオットー・ダンの著書が批判対象として取り上げられ、ヤイスマンの立場はより鮮明になっている。とはいえ、ヤイスマンはたんにヴェーラー批判の流れに棹さしたわけではない。イリーらもヴェーラーらと近い社会史的歴史研究の土俵上に立つ研究者であるし、ニッパーダイの政治史の優位ともヤイスマンは一線を画している。『敵の祖国』の参考文献に当然挙げられるべきニッパーダイの十九世紀ドイツ史概説が見当たらないことにも、それはうかがえる。

日本のドイツ史研究者のあいだでは、伝統史学への批判と社会科学的歴史研究への親近感、さらに歴史研究の啓蒙的役割への期待から、ヴェーラーらの潮流に自己を投影して重視する傾向があった。いうまでもなく、ヴェーラーらの功績は大きい。とはいえ、そのことを認識することと、ドイツ歴史学の多様な潮流におけるヴェーラーらの位置を確認することとは別である。コゼレックやヤイスマンの流れを知って、ヴェーラーらの主張を相対化することは、逆にヴェーラーらの意義をより適切に理解することにもつながることになるだろう。

最後に、ドイツ歴史学界でヤイスマンの指摘はどのように評価されているかを示す例を紹介しておこう。近現代史を専門とするデュースブルク゠エッセン大学名誉教授ペーター・アルターは、チャーチルの伝記研究をはじめ近現代史全般に幅広い業績がある歴史家で、ナショナリズム研究でも知られている。その彼が、次のようにヤイスマンに言及している。「リンダ・コリーやミヒャエル・ヤイスマンらのテーゼによれば、広範な住民層に国民としてのアイデンティティを形成させるには、「他者」との「相違」だけでなく、「敵意」が前提となる。外敵や国内の敵のいない祖国は存在しないと、彼らは主張する……」[8]。

ここにはヤイスマンの『敵の祖国』での説明がそのまま使われているばかりか、イギリスの著名な歴史家コリーと並んで彼の名が挙げられている。もちろん、ヤイスマンのテーゼがドイツ歴史学界で広く承認されているというのは言いすぎであろうが、彼の指摘が近代国民国家成立論、ナショナリズム論への重要な問題提起であると評価されていることは確かであろう。これとの関連で、「諸国民の敵対」の英訳が、昨年出版されたナショナリズム研究のアンソロジーの冒頭に掲載されていることも、ここで紹介しておきたい[9]。

ヤイスマン氏は本書を故コゼレック教授に献呈したいとの希望をわれわれに伝えてきた。

コゼレック教授の業績への敬意を共有するわれわれ訳者は、それに喜んで応じたいと思う。

1 ヤイスマン氏の講演は日本ドイツ学会シンポジウムの他の報告者の記録とともに、同会の学術誌『ドイツ研究』四〇（二〇〇六年）にドイツ語原文のままで掲載されている。氏の講演の主題は、戦後ドイツの過去の歴史、とりわけホロコーストへの取組みと、新しい時代における過去の解釈や意義の方向性を論じたものである。

2 その初代所長であり、一九七四年に亡くなったゲオルク・エッカートの功績にちなんで、その後ゲオルク・エッカート国際教科書研究所と呼ばれており、近年では関連文献ではたんにゲオルク・エッカート研究所と記されることも多い。同研究所とその活動については、比較史・比較歴史教育研究会編『自国史と世界史――歴史教育の国際化を求めて』（未来社、一九八五年）所収の西川正雄氏の論考、さらに同じくドイツ＝ポーランド教科書対話を中心にヨーロッパの動向を展望した近藤孝弘『国際的歴史教科書対話』（中公新書、一九九八年）で立ち入った情報が得られる。カール・エルンスト・ヤイスマンの名はこの二書でも言及されている。

3 「これ、あれ、他者――十七・十八世紀における公共、社会、私」ジョン・ブルーア、近藤和彦編『スキャンダルと公共圏』山川出版社、二〇〇六年。

4 *Geschichtliche Grundbegriffe. Historisches Lexikon zur politisch-sozialen Sprache in Deutschland. 1972–1997.* なお、本事典は二〇〇四年にペーパーバック廉価版が刊行されている。

5 フィリップ・ヴィトコプが編集した『戦没学生の手紙』は第一次世界大戦中の一九一五年に出版され、その後つぎつぎに内容を増補しながら版を重ねた。その抜粋は岩波新書の『ドイツ戦没学生の手紙』として一九三八年、高橋健二の訳で出版された。ヤイスマンには、ヴィトコプの序文の変遷やこの書の受容などを扱った共著論文がある。M. Hettling/M. Jeismann, Der Weltkrieg als Epos. Philipp Witkops "Kriegsbriefe gefallener Studenten", in: G. Hirschfeld/G. Krumeich/I. Renz(Hg.), *Keiner fühlt sich hier mehr als Mensch...*, Essen 1993.

6 ヴェーラーについては、木村靖二「ハンス＝ウルリヒ・ヴェーラー」『二〇世紀の歴史家たち(4)世界編(下)』刀水書房、一九九九年を参照。

7 ブラックボーン／イリー、望田幸男訳『現代歴史叙述の神話』晃洋書房、一九八三年、ブラックボーン／イリー／エヴァンズ、望田幸男ほか訳『イギリス社会史派のドイツ史論』晃洋書房、一九九二年を参照。

8 Peter Alter, Rezension zu: Neisen, Robert: Feindbild, Vorbild, Wunschbild. Eine Untersuchung zum Verhältnis von britischer Identität und französischer Alterität 1814–1860, in: H-Soz-u-Kult, 12.02.2007, http://hsozkult.geschichte.hu-berlin.de/rezensionen/2007-1-103.

9 T. Baycroft/M. Hewitson(ed.), *What is a Nation? Europe 1789–1914*. Oxford 2006.

DIE NATION UND IHRE FEINDE

VON MICHAEL JEISMANN

諸国民の敵対

政治的アイデンティティ構築の理論

国家間の敵対関係とナショナリズム

一九八九年から九〇年にかけて訪れた諸国民の春は、さまざまな希望をかきたてたものの、長続きすることなく、世界は徐々に混沌状態に陥っていきました。混沌は敵意によって煽り立てられ、それによってますます新たな敵対関係がつくりだされつつあります。諸文化のあいだの敵対、「文明」のあいだの衝突、宗派のあいだの対立、社会の諸集団のあいだの敵対——。ここにあるのは、冷戦下に世界が政治的な陣営に分割されていたときのような管理された敵対のあり方ではなく、いわば制御することができない敵対なのです。

こうした敵対が第二次世界大戦後の政治秩序のなかにまったくなかったわけではありませんが、それらはたいていが超大国同士ではなくその代理者のレベルで争われ、さしたる重要性をもたない二流の対立にすぎませんでした。こうしたかつての敵対のもっとも際立った特徴は、それがヨーロッパからみても、アメリカからみても、遠い世界のできごとであったということにあります。敵対が昂じて戦争が、それもむごたらしい戦争が勃発し、それに抗議する動きが生まれたりもしましたが、それにしてもやはり遠くの事件にすぎませんでした。しかし事態は変化しました。敵対関係が生じる地域は近年ますます身近なものとなりつつあります。このように敵対が増大するなかで、伝統的なナショナリズムはどのような役割を演じることになるのか、それは判断の難しい問題です。

ある国民が他者に対して攻撃的になる可能性を潜在的にしろもつことはありうるのか、またどのような条件のもとでそうなるのか。この問いにすぐに答えを出せる理論は存在しませんが、歴史研究においてはこの解答を見つけようとする試みがいくつかおこなわれています。それらは主として二つのタイプに分類することができましょう。まず、第一の説明の仕方は、外交を重視するものです。ここでは、ある国民が内発的に攻撃的になるという事態は、ヨーロッパの諸国家間の長期にわたる対抗関係に付随して出てきた現象であり、

ベルリンの壁崩壊直後のブランデンブルク門

ユーゴスラヴィア内戦により破壊されたモスタルの石橋（1993年11月）

上：Norbert Heber/Johannes Lehmann (Hg.), *Keine Gewalt!*, Berlin 1990, 172.
下：柴宜弘氏提供

それが大量に出現してきた場合は制御不能の状態が生まれると考えます。これは例外的であると同時に新しい現象でありますが、その一方でその将来の発展の方向やそれがもたらす影響は、以前からの長期的な外交政策上の利害と対立の関係の枠内にとどまるとされます。ここでは、国民による攻撃行動とその国民の敵のイメージのあり方といったものは、権力国家の術策のなかに組み込まれたものとしてとらえられ、その限りにおいて外交術における課題の一つとしてしか評価されません[1]。

もう一つの説明は、国内政治の領域に関するものです。これは「負の統合」として知られているもので、国民相互の敵対は、支配エリートによって自己の支配を確固たるものとするべくつくりだされ、利用されるものだと考えます[2]。支配エリートたちにとって外敵の存在はいわば避雷針のようなもので、それによって好ましからざる国内の政治的・社会的要求や対立を回避するために使われるのです。しかし、もしそうだとしたら、国民がそのようなエリートたちの意のままに操られることに甘んじて、異を唱えないのはなぜなのでしょうか。歴史学におけるプロパガンダ研究においていわれているだけでなく、当のプロパガンダ制作者たち自身も認めていることですが、ある種の思想注入というものはまったく新しい創造ではありえず、すでに存在し受容されている価値判断や考え方を強化し誇張するものでしかないのです。説得できるのは結局は説得されようと思っている人だけなのですから。説得される側にその用意があってはじめて、プロパガンダは成功するのです。「負の統合」の説明モデルではこの点が見落とされています。同時代人の自己理解をただ政治的・機能的なものとしてしかみないからです[3]。

こうした二つの説明の試みは、ナショナリズムが権力の手段としていかに機能するかを明らかにするものでしかありません。なぜ国民が攻撃的な行動をとるようになるのか、その原因そのものの究明は放棄されています。こうした欠陥が生じるのは、ナショナリズムは革命的でリベラルなものに始まり、最後は必然的に統合的で攻撃的なものにいたるはず、という発展段階図式を説明の下敷きにしているからです。ここまでいえばこうした説明のもつ難点がおわかりでしょう。ドイツの初期国民運動は、解放戦争[4]に際してはじめてドイツ国民とは何かというイメージを創造することに成功しましたが、それにはじつはナポレオンやフランス革命、そしてフランス人一般に対して敵対の念がかきたてられたことが決定的な役割をはたしていたのです。エルンスト・モーリッツ・アルント〔一七六九〜一八六〇、ドイツの著作家・詩人〕の「フランス人憎悪」はハインリヒ・フォン・トライチュケ〔一八三四〜九六、ドイツの歴史家〕のいうような逸脱ではなく、むしろ必要不可欠で本質的なものだった

アルント

トライチュケ

上：Hellmuth G. Dahms, *Deutsche Geschichte im Bild*, Berlin 1991, 178.
下：Imanuel Geiss (Hg.), *Chronik des 19. Jahrhunderts*, Dortmund 1993, 665.

のです。同様の例はドイツ以外にも見出すことができます。たとえば一七九二年、革命下にフランス人民のおこなった国民主権の宣言は、オーストリアに対する宣戦布告と不可分に結びついていました。

国民という観念

最近のナショナリズム研究は、「国民」とは創り出されたものであり、人工物であり、何か他者と共通のものを求め、共有しようとする意思に基づいている、ということを強調しています。この意思があるからこそ、国民は自分たちを歴史あるいは言語や文化を共有している存在として力説することになりますし[5]、またそれらを共有していない者と自分たちとのあいだに一線を画す必要が生じてくるのです。「国民」(Nation)なる観念は「国民的なもの」として最初に着想されたときから、その後さまざまなかたちで活用されていくことが定められているのです。これはよくいわれることですが、だからといって時代遅れの理念史への逆戻りであるとはいえません。この国民の観念は、二つの極のあいだの往復運動としてとらえることができます。一つの極には自己理解としての国民像があり、他方の極には国民の敵という概念ないし敵のイメージがあります[6]。この両者の相互関係をとらえるためには、国民的なものの観念を政治的あるいは経済的・社会的な利害状況から説明しようとする素朴な見方同様、これまでのようなナショナリズム概念では十分ではありません。

ここではしかし、二つの極の相互関係としての国民観念を細部に立ち入って検討することは避けておきましょう。むしろ、それぞれの国民が他者と自己とのあいだにおこなう厳格な隔絶がどうして生じるのか、また国民同士が、相互に異質であることからどうして妥協を許さない根本的な対立が生じうるのか、という問題を考察することが必要です。この問題を突き詰めれば、さまざまな違いはあれ、ヨーロッパ諸国民に共通する特有の自己理解のあり方にゆきつきます[7]。つまり、「選民」思想に端を発する自己理解です。ヨーロッパの諸国民はみなそれぞれに、自らこそ人類における至高の価値を体現しているのであり、かつこの価値を擁護する義務を負っていると信じていました。

こうした国民的使命は、フランスにおけるように膨張主義的で普遍的なものとして意識される場合と、ドイツや他の中欧の諸国民におけるようにキリスト教的＝倫理的で、きわめて自省的な内容のものとして理解される場合とがあり、そのいずれに傾くかによってその国民国家の政治のあり方は大きく左右されたのです。どちらの場合にせよこうした自己理解のあり方は、その国民には「天命」があるという考えをもつという点では、ともに構造的に類似したものでありました。そのため自分の国民の利益＝人類そのものへの貢献である、という考えに基づいて両者ともに一歩も引かずに要求をぶつけ合う場合、政治的な次元での対立はただちに生きるか死ぬかの戦いへとエスカレートすることになりました。そうなると外交術や伝統的な「治国策」、たんなる利害計算といったものはもはや役に立ちません。十九世紀や二十世紀の初頭の時期には、「国民的利益」が盛んに論じられたことがありましたが、こうした「国益」の追求においては相対立する両者が単純な政治的利害計算をおこなったのではなく、お互い激しく感情的に要求を突きつけ合ったのです。一八七〇～七一年の独仏戦争（普仏戦争）の終結が長引いたことや一九一四年の第一次世界大戦の勃発にいたる経緯は、その好例でしょう[8]。

こうした「古い」ナショナリズムを考える際の基本前提は、今日でも「新しい」ナショナリズムを同定する際の指標として有効です。国民のもつ使命感や選民意識を考慮に入れることによってはじめて、ナショナリズム概念を生産的に用いることが可能になります。また、現実に存在するものであれ、あるいはその実現を期待されているだけのものであれ、国民という行動単位が歴史上どのようなものであったのか、そして今後どのようなものでありうるのか、この点をさらに明確にすることができます。

国民とは、さまざまな世界観がともにしっかりと固定されることができる、集団的な共通性という錨泊地なのです。この共通性は政治的・宗教的・文化的あるいは生物学的な内容のものとして定義できます。これは国家と関連づけられますが、しかしたんなる国家の行為の産物というものではありません。人種的なものや政治的なものでもありえます。すなわち、ナショナリズムは、「国民的なもの」がその集団の価値を体現する共通の基盤として存在するような一種の共生関係なのです。「国民的なもの」にはあまり変わることのないさまざまな属性が付与され、かつ敵か味方かという両極端の構図にのっとって微妙な濃淡の色分けが施されます。この基盤は十九世紀から二十世紀にかけて近代国民国家というかたちをとり、他の行動単位の追随を許さない強固さを誇ったのでしたが、他の政治的あるいはその他の観念と結合し、その結果さまざまな忠誠心やアイデンティティのあり方が渾然一体となってナショナリズムを創り出しました。これらの忠誠心やアイデンティティのどれ一つとして、それだけではナショナリズムほどの結束を創り出すことはできなかったでしょう。しかし根本価値としての国民的なものの重要性がいかばかりのものであったか、それは当初はあった国民の特質が現実にはなくなってしまったのちでさえ、感情的・政治的エネルギーがいつでも噴出できるようなかたちで温存されることができたことからも明らかです。

しかし、ナショナリズムはこのような結合が活性化されてはじめて成立するものです。それゆえ、ナショナリズムを政治的なものとして分類するだけでは、この重層的なプロセスの一面のみがすべてであるかのように考えてしまうことになります[9]。それではナショナリズムのもつ吸引力の本質的な部分は見逃されることになってしまうのです。

国民と宗教

このことは、しばしば国民的なものと宗教が結びつけて語られることからも理解できるでしょう。ナショナリズムと宗教との連動は注目に値するものであると同時に、矛盾に満ちたものであり、それを理解することは難しいことです。旧ユーゴスラヴィアにおける紛争からもこのことはよくわかります。[10]この両者の結びつきを、とりあえず「政治的宗教」という概念であらわしてみましょう。ここで意図されるのはある種の政治美学です。宗教の領域から政治の領域に転用されるものとして、神話、象徴、メタファー、「国民的なもの」の祭典などがあります。この転用は不透明なもので、どちらが送り手でどちらが受け手なのか最終的にははっきりとしません。最初のうちは形式の借用にすぎない転用がそもそもどうして可能になり、また効果をもちうるのかといえば、国家と宗教のあいだにはゆるやかなものであれ共生関係が存在しているからにほかなりません。

教会の祭壇と「祖国の祭壇」はたんに併存しているのではなく、相互に相手の代わりの役目をはたすものなのです。宗教は国民的なものとなることができ、また国民的なものは宗教に由来する記号で形容することが可能です。ここに、国民的なものの強力な結束力が生じ、国民全体が一つの信仰に身を捧げたり、国民がこぞって共通の使命感を抱いたりす

ヴァルハラ(1842年完成)　　バイエルン王ルートヴィヒ１世はドイツの古今の偉人たちを顕彰する目的でドナウ河畔に古代ギリシア風の神殿を建設した。

る不合理な事態が起こる原因があるのです。いずれにせよ、こうした政治的な感情の高ぶりを説明することは、今日にいたるまで一貫してナショナリズム研究の課題の一つであり、これをたんなる宗教に付随する現象として片づけてしまうことはできません。

では、いかにしてこうした「神への愛」と「祖国愛」とのあいだの微妙な往復運動が可能になったのか、「政治的宗教」概念を用いることで今度はこうした疑問があらわれてきます。この問いには「政治的宗教」概念では答えることができません。要するにこの概念を用いることで若干わかりやすくなりはするものの、難問は依然として難問のままなのです。

Die deutsche Geschichte, Bd. 3, Augsburg 2001, 361.

ゲルハルト・カイザー〔ドイツ文学者〕とハスコー・ツィンマー〔ドイツの教育史研究者〕の研究成果によって、宗教から国民的なものの範疇へと転用されたのは、世界を解釈し意味づけるための道具立てと、人びとの信仰を調整する祭儀だということが知られるようになりました。[11]こうした転用をおこなうことによって、国民は救済の物語の主役を演じることが可能になりました。この物語は、内在的に歴史哲学的に根拠づけられるだけでなく、超越的・宗教的に正当化されたのです。これらの救済物語のもっとも重要な要素の一つに、「選ばれた民」があります。これに関してはドイツの歴史研究者たちから十分な注目を受けるにいたっていませんが、コナー・クルーズ・オブライエン〔アイルランド出身の外交官・政治家・学者・著述家〕が素晴らしい評論を書いています。[12]

オブライエンは、彼の評論の冒頭で、ナショナリズムの類型化をおこなっています。この分類によってはじめて、旧約聖書からアメリカの国家朝餐祈禱会[13]にいたるまでのナショナリズムと宗教の連関を跡づけることが可能になるのです。まず、ドクトリンないしイデオロギーとしてのナショナリズムがあります。これは二十世紀の末には世界中で大きな意味をもたなくなってしまいました。これに対し「感情的ナショナリズム」という漠然とした名をつけられた第二のタイプは、大変古いものでありながら現在でもなお強い影響力をもっていますが、この概念づけはあまりうまくいっているとはいえず、疑問の余地があります。オブライエンの評論の後半になるとはっきりするのですが、彼が「感情的ナショナリズム」という語でいいたいのは、諸国民が自分たちをお互いから切り離したいと欲し、そして自らがより高位にあることを確認したいと願う欲求のことにほかならないのです。「選ばれた民」や「聖なる土地」といった観念が中心的な役割を演じるのはまさにここです。このオブライエンの分析は、「諸国民の創成と多様さに関するさまざまな見解」を検証した、あのアルノ・ボルスト〔ドイツの中世史家〕の記念碑的な研究『バベルの塔の建設』と双璧をなすものといえましょう[14]。

オブライエンの評論が投げかける問いはこうです。世俗的で、政治的なものである〔国民という〕行動単位が、宗教的な性格を帯びるのは、どのようにしてなのか。この問いかけに従って、遠くユダヤ教から初期キリスト教をへてローマ帝国の国教としてのキリスト教、ルソーの自然哲学、第三世界における数々の国民運動におけるマルクス主義の役割にいたるまでを見渡せば、国民的なものと宗教はいたるところでさまざまに絡み合い混じり合っているのがわかるでしょう。両者の混合形態は理念型としては次の三つの類型に整理することができます。

(1)「選民」の思想。これは主として宗教的なもので、ここでの神は敬意を捧げ服従する対象であるだけでなく、罰を与える存在でもあります。他の民族と入れ替わりに没落するということもありえるのです。この選ばれた民に課せられる掟は、厳格な宗教的な規律であって、他の民族に対して自己を賛美したり独断専行したりすることを戒めます。国民としての誇りをもつことは禁じられはしませんが、制約のもとにおかれるのです。こうした宗教的観念は国民を高め、同時に規律化するのです。

(2) 第二の類型は、神に選ばれたという意識が長期にわたって持続した場合を指します。これは「聖なる国民」と呼ぶべきもので、基本的に神の意思と立法に服する存在として自己を理解しているという点では「選民」と変わりませんが、しかし長期にわたって自らが「聖なる国民」として特権を享受しているという観念をもちつづけると、他の民族を支配する使命を帯びているという意識がそこから芽生えてくる、とオブライエンは論じています。「聖なる国民」は、神の命令には服従しなければならないものの、現世においてはそのような義務をはたさなくてよいと考えるようになるのです。

(3)「神格化された国民」になると、もはや国民が守るべき掟も権威も存在しません。自らの利益と欲求だけが、その行動を正当化する法となるのです。その国民が偶像化される度合いが大きければ大きいほど、他の国民の存在意義を否定することになります。

国民的なものと宗教との関係は、以上の類型でみると(1)の段階から(3)に進むにつれて分離したものとなりますが、では段階間の移行は実際にはどのようにおこなわれたのでしょうか。初期キリスト教は、「約束の民」という旧約聖書に由来する概念を、特定の空間に縛られることのないものとして用いました。神の国は現世においては実現しえないものとされたのです。このことで国民という政治的行動単位が偶像化される可能性はいったんは消去されましたが、コンスタンティヌス(在位三〇六～三三七)とテオドシウス(在位三七九～三九五)という二人のローマ帝国皇帝のもとでキリスト教が公認され国教とされたことによって、この初期の伝統は断絶することになりました。

このときはじめて世俗国家と宗教が一つに結びつけられたのみならず、神と信者のあいだを媒介する存在として皇帝と国王が位置を占めることになりました。彼らは自らが地上における神の支配の代行者であることを主張したのでした。世俗の支配者が神聖な存在であるならば、その支配の手段もまた神に由来するものとして聖化されることになります。本来は純粋に宗教的なものであった殉教が世俗の人間について語られるようになることは、十字軍の際に生じたことですが、これはまさしくこうした政治と宗教の同一化に由来するのです。近代ヨーロッパを形成する諸国家が成立すると、各国がキリスト教を引合いに出して同様の主張をおこなうようになりました。「国民の敵」は同時に「神の敵」でもあるようになったのです。[15]

アメリカ独立革命とフランス革命によって、それまで国王のあった地位には「国民」が代わりにおかれるようになりましたが、このとき「国民主権」の思想とともに宗教的な要素もはいってきました。とりわけ、すべての人の平等と幸福というユートピア的な考えは国民という概念に正当性を供給する役割を担うことになりました。[16]こうした考え方によって「国民的なもの」の魅力は著しく増大したのです。そこでは、階級への帰属ではなく国民への帰属がそのアイデンティティの第一の特徴をなすものであり、社会的な格差のないことが理想とされます。「反人民的な党派の偶像は打ち破られた」とセーヌ＝マルヌ県の選挙委員長は一七九二年に宣言しました。「自由と平等のために専制と戦った愛国者の情熱あふれる勇気と英雄的な献身を、それにふさわしいやり方で記録にとどめることは、たとえ炎のごとき筆先をもってしてもままならないであろう」[17]。政治的な帰結こそ個々の場合によってさまざまですが、こうした基本構造は近代のすべての国家観念に共通のものであることは、フランス革命とアメリカ独立革命を比較してみても明らかでしょう。

ハインツ・ゴルヴィッツァー〔ドイツの歴史家〕が彼のドイツの歴史におけるアイデンティティと膨張主義のイデオロギーのあいだの弁証法的関係を検討した論考で巧みに証明してみせたことですが[18]、そのようなフランス革命の際に大いに吹聴されたような、自分たち国民はある使命を帯びているのだ、というような〔膨張主義的な〕思想はドイツには根づきませんでした。その理由はドイツの初期国民運動がナポレオン率いるフランスへの反感から、ドイツ国民に特有のもの、すなわち「ドイツ的なもの」を国民の本質として位置づけたことにあります。

この特殊な「ドイツ的なもの」は、たしかに普遍的で人類に即した主張と結びつきもしますが、しかし膨張主義的な方向に進む可能性は排除されています。ドイツ的でありうるのはドイツ人だけだとされるからです。これに加えてドイツでは国王による支配を宗教や教会の権威によって正当化しようとする試みが、十九世紀にはいっても決してなくなりませんでした。プロテスタント教会は「国王と祖国」と一体化することでさまざまな政治的なアイデンティティを生み出し、大きな影響をおよぼしたのです。こうした支配を正当化する伝統的な決まり文句のおかげで、自らの意志を法とする国民観は、その出現を阻止されることはなかったとしても、少なくともその力を弱められたのでした[19]。

ドイツでは、宗教と国家と国民とは相互に漠然とした、矛盾さえはらんだ関係のもとにあり、このことはとくに帝国主義時代のたいていの国家が拡張傾向をもっていたためにさらに複雑なものとなりました。こうした内向きな国民のあり方を打ち破ろうと帝国主義の時代にドイツがおこなった試みは、イデオロギー的にもプロパガンダ的にもすべて失敗に終わりました。生物学的な人種理論の登場によってはじめて、〔他者の否定による〕膨張への障害が完全になくなったのです[20]。

国民と宗教が複雑に絡み合いつつ相互に相手を代替することで、機能を融通し合うということが起こりました。国民としての属性はただたんに集団に対してではなく、個人に対しても意味づけを与えるものとなりました。国民であることは世界の解釈を提供すると同時に、また主体としての個人を安定させる働きをもったのです。この前提となったのが、強力な、日常生活の領域にも浸透するようなナショナリズムの「文化」でした[21]。

国民的なものの強さ

直接には体験できないのに、どうして国民相互のあいだには共通性があると感じることができるのでしょうか。国民的なもののもつ人を引きつける力やアイデンティティ付与能力はどのようにして発展してきたのでしょうか。十九世紀に国民的なものがアイデンティティを与えるものとして第一の存在になったことは、決して自明ではありません。国家のなかには局地的なあるいは地域にまたがる伝統的な結束の核が存在していましたし、教会や聖職者は依然として確固とした権威を有する存在でした[22]。さらに十九世紀の後半になると社会主義が個人にも集団にも適用可能な、いわゆる総合的な世界観を提示することでまた別の新しいアイデンティティ付与をおこなうことを可能にしました[23]。同様のことは自由主義にも反ユダヤ主義にもあてはまります[24]。

しかし、これらが与える世界観や政治的なアイデンティティはおのおの「科学」をそのよりどころとしていながら、その一方で第一次世界大戦の終結まで理論とは無縁の存在であった国民的なものと断絶することはできなかったのです。では、このような国民的なものの強さは、どのように説明することができるでしょうか。その約束する未来のうち、どれが敵対する勢力をすべて色あせさせるほど魅力的で身近に感じられたのでしょうか。

ナショナリズムの最大の約束は、「一体性のなかでの平等」ということにつきます。他のたいていの世界観や政治的綱領が一体性や協調を目的を達成するための手段としかみなさなかったり、あるいはまったく注意をはらわなかったりするなかで、ナショナリズムの場合一体性の形成は目的そのものです。一体性を保ちつつ平等を達成するといっても、政治的な改革や社会の変革はなんら必要ではありません。そのために必要な唯一の条件は、その国民に属する者一人ひとりが、その社会的なステイタスに関係なく、自分はドイツ人であるとかフランス人であるとか、またイタリア人であるとかスペイン人であると感じ、そしてまさにそうであるがゆえに同様の帰属意識をもつ他の者たちと平等なのであると感じることができる、という信念が存在すること、これだけです。つまり、一体性の意識も平等の意識も、ともに共通の「国民」という感情にのみ基づいているのです。

この点で重要なのは、〔一見特定の国家に制約されないかにみえる〕公民《シトワイヤン》の思想であっても、そこには個人の政治参加という特質だけではなく、感情的なアイデンティティを付与する機能が含まれているということです。十九世紀にヨーロッパのあらゆる諸国家で軍人の地位の向上がみられたことは、このことの明瞭な証左です。[25]フランス革命のある観察者が「長い十九世紀」の始まりにあたって記したように、「共和国が恐怖政治を欲し、またそれを獲得したのは、戦争で自分自身の負った傷の名においてであった」のです。[26]国民国家になる以前の近代の国家では、個人あるいは集団に固有の世界観や信仰は政治から切り離されていたのに対し、「国民」観念はこの両者を再び接合したのです。

この〔国民であることがもたらす〕一体性は、考えうる限りもっとも急速に国民統合を可能にする方法の一つでした。しかも現実の政治＝社会システムがどのようなものであれ、統合を実現することができたのです。さらにこの一体性と平等は、政治的にどのような形態のものになるかについて、かなり融通がきくものでした。フランス革命ではフランス国民固有の使命が人類そのものと同一視されて鼓吹され、解放戦争中のドイツやポーランドでは自己規定に立ち返る内向きで宗教的な性格のものとなり、十九世紀の最後の三〇年あまりの時期には帝国主義的なものになる、といった具合です。人種的・生物学的な思想を利用して国民が一体性を確保することもありました。このように政治的に特定のものと結びつかなかったからこそ、ほかのさまざまなイデオロギーを取り入れていくことができたのでした。さらにもう一つ重要な点として、ナショナリズムは他のいかなる政治思想よりも伝統とうまく協調することができた、ということがあります。

ナショナリズムの文化

ナショナリズムは伝統を担うという点にかけては保守主義以上のものがありました。なぜならナショナリズムは伝統を生き生きしたものに変えることができ、それによって反動の汚名をまぬがれることができたからです。この伝統を受け入れ、活性化させ、変容させるという能力は、国家行政にかかわる領域においても見出すことができますが、とりわけ文化の領域において長いこと残っていました。いくつかの例がこのことを示しています。

たとえば、国民的なものは伝統的な交際の形式や祝祭の文化ともよく適合するものでした。[27] 愛国主義的な合唱協会、歴史的な記念日におこなわれる祝典、「偉人」や戦没者の記憶を伝えるために建立される記念碑などは、国民的宗教の要素に基づくものもありますが、以前から存在していた社交のメカニズムを土台として成立することのほうが一般的です。国民にかかわる事柄が社会のコミュニケーションの中心に据えられるようになるにつれ、コミュニケーションのあり方もしだいに変化することになりました。

同じことは、国家の構成についてもいえます。ドイツには過去さまざまな地域主義があり、各地に固有の王侯の家系が残っていましたし、また他のヨーロッパの国々でも地域の独自性を主張する動きがあちこちでみられました。にもかかわらず、これらの勢力は国民国家のなかでは必ずしも対立し合う関係にはならず、むしろ相互に結合し、国民国家と共生の関係にはいり、あるいはそのなかでより下位のアイデンティティを形成するようになりました。[28]

十九世紀の後半になると、国民の変容していく過程はさらに決定的な事態を迎えます。国民国家は軍隊と学校という社会に影響を与えるうえで重要な二つの装置を手に入れたことで、国民的なものを基本とする制度を幅広い層に受け入れさせることが可能になりました。[29] もちろん国民はモッセのいう「大衆の国民化」[30] を実現するための唯一の制度でもなく、またおそらく最重要のものでさえないといえるでしょう。大衆は世論を摂取し、またつくりだしていくことで自らを国民化していくのです。世論こそ、政治的意見がどんなに食い違っていようと、国民の自己理解の根幹を形成するものなのです。この国民という基本制度を強化するうえでは、世論と並んで芸術や文化のはたす役割も重要です。現代のドイツにある州立博物館のかなりの部分が、国民的なもののなかで自分の居場所を確保しようとした各分邦の努力の結果成立したものです。

フランスでは、造形芸術の展覧会であるサロンが、国王の芸術振興のための援助と芸術院制度が結びついてできあがったものであることは有名です。芸術家を叙勲する制度の考案、革命以来第三共和政にいたるまで一貫してサロンが世間の耳目を集めてきたこと、またフランスの歴史と偉人を美化することが芸術家の公然たる務めであること、これらのことから国民国家が文化的な自己理解を重視していたことは自明でしょう。[31] 実際、芸術と学

第一次世界大戦の戦没者記念碑
(ヴィルンスドルフ)

ビスマルクのサイン入り灰皿
「われらドイツ人，神のほかに
恐れるものなし」とある。

バイエルン州立博物館　バイエルン国王マクシミリアン２世により1855年
設立された。

上：Sabiene Autsch (Hg.), *Der Krieg als Reise*, 1999, 146.
中：Cornelius Neutsch/Karl H. Solbach (Hg.), *Reise in die Kaiserzeit*, Leipzig/Siegen 1994, 122.
下：Dieter Dolgner, *Historismus*, Leipzig 1993, 134.

問の領域のなかで国民的なものの浸透をまぬがれたものは一つもありません。それどころか、近代的な諸学の多くが、国民的なものとかかわることではじめて成立しえたのです。ドイツ文学しかり、国民経済学もまたしかりです。

最近の数十年間ではスポーツが、国民的なものを媒介するものとして重要な地位を占めるようになっています。とくに一八九六年以来おこなわれているオリンピックのような国際的な大イベントは、戦争の代わりにスポーツにおいて国民同士が競争をおこなうことで、人びとが自分の属する国民にアイデンティティを一致させることに貢献しているほか、指導的な軍人のいうところでは、持久力や強いメンタリティ、戦士として必要な徳目の涵養《かんよう》にも役立つものなのです。

これらと並んで、国民に対する信頼を強めることに貢献する日常文化の品々も大量に存在しています。子ども向けのゲーム、トランプ、ビスマルクやヒンデンブルクの肖像画入りのパン皿、葉巻の銘柄にいたるまで、さまざまな日用品が数多くあります。

「新しい」ナショナリズム

ヨーロッパ諸国やアメリカ合衆国におけるこうした現象の歴史研究の進み具合はまちま

ちであるうえに、ピエール・ノラの『記憶の場』[32]のような少数の例外を除けば、多くが実証主義的な研究姿勢に終始してしまっています。今後は「新しい」ナショナリズムの出現を踏まえ、またヨーロッパ以外の諸地域の国家観をも考慮に入れて、ナショナリズムのアイデンティティ付与と統合のあり方に関する理論の形成に向けた努力がおこなわれることが望ましいでしょう。すでに一度ドイツの社会学者オイゲン・レンベルク〔一九〇三～七六〕がそうした試みをおこなっています。とくに、ナショナリズムのもつカメレオン顔負けの変身能力を、個別の事例に則してじっくりと究明していくことが必要です。これにより政治的なアイデンティティ付与のメカニズムが解明できるだけでなく、ナショナリズムの分析に不可欠なその不変の要素を知ることもできるのです。ただし分析概念が変じて安っぽい包括概念に堕してしまうことのないように注意しなければなりませんが。

また、政治的なアイデンティティの付与に関する理論については、ナショナリズムが国民国家という政治的な行動の単位からより高位にある別の単位へと移行できるものかどうか、ということが問われなくてはなりません。たとえば、統一ヨーロッパが誕生したのちも、それまでヨーロッパ各国をそれぞれ特徴づけていたナショナリズムの要素は引き継がれていくのでしょうか。それはありえないことではなさそうです。それぞれの国家がヨーロッパという新しい集団的な政治意識のなかで、十九世紀から二十世紀にもっていたような地位を再び獲得するといった可能性よりは、こちらのほうがまだ現実的でしょう。何よりも確実であるのは、ナショナリズム研究をやはり今後新たにつくりあげていかねばならないということです[33]。「古い」ナショナリズムは、たとえ「新しい」ナショナリズムが別の名前で呼ばれるようになったとしても、その重要性と現実性を失うことはないでしょう。

最後に、もしウクライナで選挙がおこなわれるとしたら〔一九九四年のウクライナ大統領選挙を指す〕、この国は決断を迫られることになるでしょう。一つの可能性は、かつての諸国民がたどったのと同じ道をあらためてたどり、ポーランドでもロシアでもいいですが、不倶戴天の敵の存在をバネにして自らの国民感情を創り出していくというものです。この場合はそのもたらすあらゆる帰結をも受け止めなければなりません。あるいはもう一つの可能性は、自らをそうした敵対とは無縁のものとみなすことです。さまざまな交流の交差点に位置する国として、他者を憎むことなく自国を創り上げるという考えを放棄することのない国として。

1 M. Jeismann, *Das Vaterland der Feinde: Studien zum nationalen Feindbegriff und Selbstverständnis in*

Deutschland und Frankreich 1792–1918, Stuttgart 1992; P. M. Kennedy (ed.), *The Rise of the Anglo-German Antagonism, 1860–1914*, London 1980; H. -J. Schröder (ed.), *Confrontation and Corporation: Germany and the United States in the Era of World War I*, Oxford 1993; F. Fischer, Das Bild Frankreichs in Deutschland in den Jahren vor dem Ersten Weltkrieg, in: *Revue d'Allemagne* IV, 1972, 505–519; P. Milza/R. Poidevin (éds.), *La Puissance française à la belle époque. Mythes et réalités*. Bruxelles 1992; N. Hampson, *The Perfidy of Albion: French Perception of England in the French Revolution*, London 1998; J. -J. Becker/S. Audoin- Rouzeau, *La France, la nation, la guerre, 1850–1920*, Paris 1995; B. Joly, La France et la Revanche, 1871–1914, in: *Revue d'histoire moderne et contemporaine* 46, 1999, 325–347; H. D. Schmidt, The Idea and Slogan of Perfidious Albion, in: *Journal of Historical Ideas* 14, 1953, 604–616; I. F. Clarke, *Voices prophesying war, 1763–1984*, Oxford 1966; J. H. Grainger, *Patriotisms, Britain 1900–1939*, London 1986.

2　ドイツにおいてはこの概念はとくに「ハンブルク派」と「ビーレフェルト派」のそれぞれの立場から研究されてきた。F. Fischer, *Krieg der Illusionen: Die deutsche Politik 1911–1914*, Düsseldorf 1969; H. -U. Wehler, *Das Deutsche Kaiserreich 1871–1918*, Göttingen 1973（大野英二・肥前栄一訳『ドイツ帝国一八七一～一九一八』未来社、一九八三年）。フランスに関して同様の議論を展開している研究として、G. Krumeich, *Armaments and Politics in France on the Eve of the First World War*, Oxford 1984 がある。

3　これまで各国でさまざまな研究領域でおこなわれてきた研究文献の紹介としては、H. A. Winkler (Hg.), *Nationalismus*, Königstein/Ts. [2]1985 および O. Dann (Hg.), *Nationalismus und sozialer Wandel*, Hamburg 1978 がある。

4　一八一三～一五年、プロイセン、ロシア、オーストリアからなる連合国が、ドイツ国内の戦いにおいてフランスとその同盟国をしだいに追いつめ、ナポレオンを退位に追い込んだ。これによりドイツ諸邦はフランスによる支配から離脱した。

5 B. Anderson, *Die Erfindung der Nation. Zur Karriere eines erfolgreichen Konzepts*, Frankfurt am Main 1993（原著は一九八三年。白石さや・白石隆訳『想像の共同体』ＮＴＴ出版、増補版一九九七年）.

6 Jeismann, 11–23; H. A. Winkler, Der Nationalismus und seine Funktionen, in: id., 5–48 参照。

7 これについて、および関連する問題についてはM. Jeismann, Was bedeuten Stereotypen für nationale Identität und politisches Handeln? in: J. Link/W. Wülfing (Hg.), *Nationale Mythen und Symbole in der zweiten Hälfte des 19. Jahrhunderts*, Stuttgart 1991, 84–93.

8 Jeismann, *Das Vaterland der Feinde*, 161–373; R. Poidevin/J. Bariéty (éds.), *Les Relations franco-allemandes, 1815–1975*, Paris 1977, 75–122; D. Pick, *War machine: the Rationalisation of slaughter in the modern age*, New Heaven 1993, 88–114（小澤正人訳『戦争の機械――近代における殺戮の合理化』法政大学出版局、一九九八年）; J. Joll, The Mood of 1914 in: id., *The Origin of the First World War*: 2nd edn, London 1992, 199–233（池田清訳『第一次世界大戦の起原』みすず書房、改訂新版一九九七年）; R. N. Stromberg, *Redemption by war: the Intellectuals and 1914*, Lawrence 1982; M. Stibbe, *German Anglophobia and the Great War, 1914–1918*. Cambridge 2001.

9 これについてはM. Jeismann (Hg.), *Obsessionen. Beherrschende Gedanken im wissenschaftlichen Zeitalter*, Frankfurt am Main 1994.

10 M. Mazower, *The Balkans*, London 2000, 85–151; B. Jelavich, *History of the Balkans*, 2vols., Cambridge 1983; P. Sugar, *East European Nationalism, Politics and Religion*, Aldershot 1999; N. Malcolm, *Bosnia: A*

Short History, London 1994; id., *Kosovo: A Short History*, London 1998; B. Anzulovic, *Heavenly Serbia: From Myth to Genocide*, London 1999.

11 G. Kaiser, *Pietismus und Patriotismus im literarischen Deutschland. Ein Beitrag zur Säkularisation*, Wiesbaden 1961; H. Zimmer, *Auf dem Altar des Vaterlandes, Religion und Patriotismus in der deutschen Kriegslyrik des 19. Jahrhunderts*, Frankfurt am Main 1971.

12 C. Cruise O'Brian, *God-Land: Reflections on Religion and Nationalism*, Cambridge 1988.

13 アメリカ合衆国で、首都ワシントンＤＣにおいて毎年二月にキリスト教団体により内外の要人を招いておこなわれる礼拝式。

14 A. Borst, *Der Turmbau zu Babel. Meinungen über Ursprung und Vielfalt der Völker*, 4 Bde., Stuttgart 1957ff.

15 A. Hastings, *The Construction of Nationhood: Ethnicity, Religion and Nationalism*, Cambridge 1997.

16 A. Forrest, *The French Revolution*, Oxford 1995, 78–91; M. Vovelle, *The Revolution against the Church: From Reason to the Supreme Being*, Cambridge 1991（原著一九八八年、谷川稔ほか訳『フランス革命と教会』人文書院、一九九二年）.

17 Jeismann, *Das Vaterland der Feinde*, 138による引用。

18 H. Gollwitzer, "Für welchen Weltgedanken kämpfen wir?" Bemerkungen zur Dialektik zwischen Identitäts- und Expansionsideologien in der deutschen Geschichte, in: K. Hildebrandt/R. Pommerin (Hg.), *Deutsche Frage und Europäisches Gleichgewicht*, Wien 1985, 83–109.

19 H. W. Smith, *German Nationalism and Religious Conflict: Culture, Ideology, Politics, 1870–1914*,

Princeton 1995.

20 たとえば、W. D. Smith, *The Ideological Origins of Nazi Imperialism*, Oxford 1986.

21 ドイツの場合に関しては、以下の文献を参照。D. Langewiesche, *Nation, Nationalismus und Nationalität in Deutschland und Europa*, München 2000, 82–171; S. Berger, *Inventing the Nation: Germany*, London 2004, 13–110. フランスの場合に関しては、R. Tombs (ed.), *Nationhood and Nationalism in France: From Boulangism to the Great War 1889–1918*, London 1991.

22 J. McManners, *Church and State in France, 1870–1914*, Oxford 1972; D. Blackbourn, *The Marpingen Visions: Religion, Rationalism and the Rise of Modern Germany*, Oxford 1993; J. Sperber, *Popular Catholicism in Nineteenth-Century Germany*, Princeton 1984.

23 V. L. Lidke, *The Alternative Culture*, Oxford 1985; R. Magraw, *A History of the French Working Class*, 2 vols., London 1992.

24 J. Leonhard, *Liberalismus: Zur historischen Semantik eines europäischen Deutungsmusters*, München 2001. この文献の議論はフランス、ドイツ、イタリア、イギリスをカバーしている。反ユダヤ主義については、L. Poliakov, *The History of Antisemitism*, Philadelphia 2003（『反ユダヤ主義の歴史』筑摩書房、二〇〇五～〇六年、第三巻〈菅野賢治訳〉、第四巻〈小幡谷友二・高橋博美・宮崎海子訳〉）を参照。

25 ドイツとフランスにおける事例は、以下の文献を参照。J. Vogel, *Nationen im Gleichgewicht: Der Kult der Nation im Waffen in Deutschland und Frankreich 1871–1914*, Göttingen 1997; M. Ingenlath, *Mentale Aufrüstung: Militarisierungstendenzen in Frankreich und Deutschland vor dem Ersten Weltkrieg*, Frankfurt am Main 1998.

26 A. de Baecque, Le Corps meurtri de la Révolution. Le discours politique et les blessures des martyrs, in: *Annales historiques de la Révolution française* 59, 1987, 40 による引用。

27 R. Koselleck/M. Jeismann (Hg.), *Der politische Totenkult: Kriegerdenkmäler in der Moderne*, München 1994; U. Schlie, *Die Denkmäler der Deutschen: Die Nation erinnert sich*, München 2002; M. Ozouf, *Festivals and the French Revolution*, translated by A. Sheridan, Cambridge, Mass. 1988（立川孝一訳『革命祭典――フランス革命における祭りと祭典行列』岩波書店、一九八八年〈抄訳〉）; R. Gildea, *The Past in French History*, New Haven 1994.

28 C. Applegate, *A Nation of Provincials: The German Idea of Heimat*, Oxford 1990; A. Confino, *The Nation as a Local Metaphor*, Chapel Hill, NC 1997; A. Green, *Fatherlands: State-Building and Nationhood in Nineteenth-Century Germany*, Cambridge 2001; C. Ford, *Creating the Nation in Provincial France: Religion and Political Identity in Britany*, Princeton 1993.

29 E. Hobsbawm/T. Ranger (eds.), *The Invention of Tradition*, Cambridge 1983（前川啓治・梶原景昭ほか訳『創られた伝統』紀伊國屋書店、一九九二年）.

30 G. L. Mosse, *The Nationalization of the Masses: Political Symbolism and Mass Movements from the Napoleonic War through in the Third Reich*, new edn., Ithaca, NY 1991（佐藤卓己・佐藤八寿子訳『大衆の国民化』柏書房、一九九四年）.

31 A. Sfeir-Semler, *Die Maler am Pariser Salon 1791–1880*, Frankfurt am Main 1992.

32 P. Nora, *Les lieux de mémoire*. 7 vols., Paris 1984–1992（谷川稔監訳『記憶の場』岩波書店〈全三巻〉、二〇〇二～〇三年）.

33 この点に関し重要な研究文献の紹介を含めて参考になるのは、F. Gschnitzer/R. Koselleck/B. Schönemann/K. -F. Werner, Volk, Nation, Nationalismus, Masse, in: O. Brunner/W. Conze/R. Koselleck (Hg.), *Geschichtliche Grundbegriffe. Historisches Lexikon zur politisch-sozialen Sprache in Deutschland*, Stuttgart 1992, 141–431. また最近では D. Langewiesche, Nationalismus im 19. und 20. Jahrhundert: zwischen Partizipation und Aggression, in: *Gesprächskreis Geschichte*, hg. von D. Dover (Forschungsinstitut der Friedrich-Ebert-Stiftung), Bonn-Bad Godesberg 1994.

辻　英史　訳

フランス、ドイツ、そしてヨーロッパ文明をめぐる闘い

ナポレオン戦争から独仏戦争まで

独仏関係史——敵対と交流の併存

独仏関係の歴史については、すでに飽和状態を超えたと思われるほどきわめて豊富な研究文献が発表されてきました。そしてまた、今後独仏関係において根本的な変化が待ち受けており、こうした研究動向に新たな方向転換を与えることを示唆するようなものは、今のところ何もありません。散発的に再燃する反感を別にすれば、かつての敵対感情の活火山は消滅してしまいました。たしかに以前の憎悪の痕跡はなおみえてはいますが、現在に近づくにつれ、それはだんだんと薄いものになっていきます。また独仏関係の歴史は、そ

の関心がいまだ「和解」や「洗い直し」にあるような研究領域でもなくなりました。しかし同時に、両国がお互いに対して抱いていた強い賛嘆の念もまた、消えてしまいました[1]。かつての、あるいは現在の独仏間の不和は、今日ヨーロッパにとってはもはや深刻な問題ではありません。にもかかわらず、独仏関係はその中心的な政治的重要性をなんら失ったわけではありません[2]。

そこで、両国間の敵対関係と共通の文化について以下で述べる説明にとって重要である二つの点についてのみ、ここで前もって指摘しておきたいと思います。第一の点は、十九世紀をとおしてこれほど相互に結びつき、相互のやり取りと交流がおこなわれていた二つの国は、ヨーロッパにはほとんど存在しなかった、ということです。そしてまた、両方の近代国民国家の成立は、その時々の競争相手によって決定的に規定されるものでもありました。

第二に、ヨーロッパにおいてこれほどまでに感情的に、そして根本的にお互いに敵対した国民もまた、他にはほとんど存在しなかったということです。一方の相互交流と、他方の敵対関係には、歴史的にみるならば、それぞれ相応の根拠があります。しかしどのように両者を総合して考えることができるのか、いかに一方が他方と断絶なく入れ替わること

「宿敵」から和解へ　上は第二次世界大戦時，1940年のフランス降伏ののち，ヒトラー(前列中央右)がパリを訪問したときの光景。下は1984年，第一次世界大戦時の独仏間の激戦地ヴェルダンにおける両国の首脳(フランス：ミッテラン大統領，西ドイツ：コール首相)による追悼式典。

Histoire/Geschichte, Paris/Stuttgart 2006, 295.

ができるのか、といった問題について、これまで十分な説明が見つけられていない、と私は思います。

まさにこの矛盾のなかに、独仏関係の歴史のアクチュアリティと関心を支える重要な部分があるのです。現代の政治的・文化的世界情勢の特徴をあえて挙げるとするならば、唐突に紛争が勃発することであるといえるでしょう。国民、民族、社会的・宗教的集団のあいだに、それまでは起こるはずがないとみなされた相違が生じるということも、もちろんそこに含めることができます。しかし起こるはずがないと考えられたのは、私たちが歴史的・政治的な認識から、現在では諸国民のあいだに同質性があると信じ込んできたからです。実際には同質性というものは、そのようなかたちでは存在してきたわけではありません。また、多くの対立軸がお互いにあまりに遠く離れており、交差することなどないというう思い込みもあります。アメリカの文化哲学者サミュエル・ハンチントンが、二十一世紀は敵対する文明間の衝突になると予言して議論を呼んだのも、この点を突いたからです。[3]

「文明」をめぐる競合

しかし、文明間の衝突の前提は、それらが一方で相互の交流関係によって、他方で異質な相手から過剰な影響を受けるのではないかという不安によって規定される関係にあるということです。つまり、それぞれの文明がもつヘゲモニーと自己主張の絡み合いが問題なのです。構造的にみれば、このような状況は、ドイツとフランスが十九世紀から二十世紀の前半にかけて対峙していたものによく似ています。このことを前提とすれば、独仏関係の歴史は、他の状況や次元において原理的に繰り返しうる文明間の闘争の代表例である、といえるでしょう。

　それは何よりも、文明という概念を定義する権力、すなわち個別的なものに普遍的なものを対置する力をめぐる闘争です。この闘争は古代にまで遡る古い歴史をもっています。ですから、相互に自己の文明観を主張し合う例としてここで取り上げる一八七〇～七一年の独仏戦争は、この歴史のなかではたんなる一章を構成するものにすぎません。しかし、それはヨーロッパの現代史にとって大きな重要性をもつものなのです。

　独仏戦争時の両国のプロパガンダにおける対立には、その前提になるものがなかったわけではありません。そこで、その前史について確認しておきましょう[4]。もっとも、ここでは両国のあいだの文化交流そのものに立ち入ることはしません。というのも、この関係の全体的な流れはすでによく知られているからです。一般的には、両国間には平和的で相互の理解と刺激を促す伝統が規定的なものであったとされています。それに対して、繰り返しあらわれるナショナリズムの高揚は偶発的なものであり、過剰な祖国愛《パトリオティズム》から生じたものである、とみなされました。しかし、実際にはこの点にも、長期間にわたる連続性が存在します。すなわち、妥協不可能な、原理主義的な敵対関係の連続性です。これは両国間の軍事的紛争の時期、すなわちフランス革命戦争、解放戦争、独仏戦争、あるいは第一次世界大戦に限定されたものではありません。

初期ドイツ国民運動における敵国フランス

それどころか、ドイツ側だけを視野に入れるのであれば、すでに十八世紀後半には、フランスに対してある文化的な敵対感情が成立していました。それはのちに政治的な次元に読み替えられることになります。つまり、国民としての帰属よりも、民主主義から保守主義にいたる政治的な立場が国境を越えて人びとを結びつける要因であった時代にも、敵対意識は伏流として存在していたということです。

この敵対意識こそ、近代フランス国民やドイツ国民を創り上げたものでした。この敵対意識は、両国において異なった特徴をもちながらも、国民を創り上げる役割をもつという点において、きわめて根底的で原理的なものであったのです。遅くとも文学史上の「疾風《しっぷう》怒濤《どとう》」の潮流以来、ドイツ側からは、フランスに対する決定的な対立意識と、フランスとのあいだに一線を画そうとする意思がしだいに形成され始め、それは解放戦争において明確なものとなります。これに指導理念を与えたのが、エルンスト・モーリッツ・アルント〔一七六九～一八六〇、ドイツの政治評論家・詩人〕であり、彼は一八一三年に著した『国民憎悪』のなかで以下のように書いています。

私はフランス人に対する憎悪を欲する。しかしそれはこの戦争〔対ナポレオン戦争〕のためだけではない。私はそれを長きにわたって、いや永遠に欲する。願わくば、この憎悪がドイツ国民の宗教として、すべての者の心において聖なる狂気として燃え立ち、つねにわれわれの忠誠心、誠実さ、勇敢さが保持されんことを。この憎悪はわれわれにとって明るい鏡のようなものとなるであろう。そこにわれわれは、われわれ自身の栄光と堕落をみることができるのである。[5]

このように、敵対感情は、動機と目的においてナポレオンに対する蜂起に限定されたものではなく、自己理解に必要なものとして将来にわたって機能するべきものでした。フランスとの敵対関係が強くなればなるほど、ドイツ国民は「栄光に満ちた」ものとなるとさ

ナポレオンのベルリン(ブランデンブルク門)入城

れたのです。そしてその反対に、フランスに対する根本的な差異意識が薄まれば薄まるほど、ドイツ人はそれだけ「堕落」に近づくことになるのです。フランスのイメージがドイツと根本的に異なるものとして、その輪郭が明確に描かれている場合にのみ、ドイツ国民をまとめあげる役割を敵対感情に期待することができたのです。

ドイツの国民運動の主導者にとってみれば、フランスの革命家たちもナポレオンも、人類的理念の簒奪者でした。本来ならその人類的理念は、ドイツ特有の形態と真の普遍性を与えられて、ドイツ国民がその担い手となるべきものでした。たとえばフリードリヒ・アウグスト・フォン・シュテーゲマン(一七六三〜

Hellmuth G. Dahms, *Deutsche Geschichte im Bild*, Berlin 1991, 178.

一八四〇、ドイツの政治家）にとって、ナポレオンとすべてのフランス人は、「鉄拳によって創造主の銘板を粉々に破壊」した「人類に対する謀反人」でした。それに対し、ゲーテやシラーといった世界市民志向のドイツの古典的大家自身がドイツ人の特徴であると力説したように、ドイツはキリスト教＝ヨーロッパ文化、そして人類文化そのものの代表でした。[6]「不倶戴天の敵」という概念は、独仏関係のこうした文脈のなかでつくりだされたものでしたが、それは長期にわたる両国民の現実の歴史的競合関係を指したものというより、むしろ歴史を超えて設定された二分法的な対立モデルを指し示しています。たとえばベルリンの歴史家リュース（一七八一〜一八二〇、スウェーデンの歴史に関する著作を遺す）は一八一五年、次のように書いています。

最近の歴史を混乱、不穏、戦争の連鎖として叙述したとしても、それは誤っているとはいえない。これらのできごとは、ただ次のことによって生じたのである。すなわち、ある単独の国民——つまりフランス国民——が圧倒的な力によって、その傲慢と飽くことなき征服欲を欲しいままに満たすことができたからなのである。[7]

さらにリュースは、彼の叙述の意図について付け加えています。

本格的な学問的著作を著すことが私の意図なのではない。むしろ、祖国の繁栄に関心をもち、フランス人に対して憎しみの感情をもち、さらに頭でもその理由をはっきりと理解しようと望むすべての人びとのために書こうとしたのだ。[8]

同じような意味で、アルントも『時代の精神』第一部のなかで、フランス人について次のように書いています。

以前から、私は彼らフランス人とすすんでかかわろうとしたことはない。しかし、今や彼らは歴史のいたるところでずうずうしく幅を利かせているので、彼らに出くわさずには一歩も進めないのだ。[9]

ナポレオンやフランス人に対する「蜂起」の要求は、軍事的占領者としての当時の彼らの立場だけに向けられたわけではありません。「蜂起」の成功によってはじめて、それまでのドイツの屈辱的な歴史が拭い去られ、ドイツ国民の創出にいたるはずだと考えられたのです。解放戦争期の国民運動を鼓吹する者たちの一致した考えでは、そうなってはじめて、「ドイツ国民の歴史」なるものに到達できるというのです。それゆえ「蜂起」は国民としての自己証明であり、過去よりも現在と未来にかかわる問題でした。ドイツ国民の歴史的・地理的な空間、「ドイツ文化」や「ドイツ語」は、国民性の指標としてはきわめて虚構的であったのですが、それは同時代人たちも完全に意識していたことでした。[10]キリスト教に沿って描かれたドイツの対極にある「不倶戴天の敵」は、もともと中高ドイツ語で「悪(魔)の帝国」を意味していました。この超歴史的に定式化された対立を踏まえることによって、フリードリヒ・リュッカート(リュッケルト)(一七八八〜一八六六、詩人)はドイツ人に、フランスとフランス人は人類の枠外にあると考えるように要求することができたのです。

汝ら、人間でありながら戦士として
太古のごとく闘わんとする汝ら
そして敵が虎であるところ、人間性など不要であることを
慮ることのなき汝ら……[11]

野獣とされた敵に対して、ドイツ人は「偉大なる残虐行為」によって身を守るべきであるとされたのです。敵の殲滅《せんめつ》を倫理的に崇高な行為であるとするこの定式化は、敵対関係の激しさを示すもので、ドイツ人の純化と敵の殲滅が強迫観念となっていることを示唆しています。この観念こそ、二十世紀になるとあらゆる急進的なイデオロギーの行動原理となるものでした。

強調しなければならないのは、初期ドイツ国民運動の主唱者たちが、ヨーロッパ共通の文化と文明を、政治行動の形態ではなく、むしろ「正しい感情」で、つまり心的・精神的性質でみていたということです。その立場からすれば、ナポレオンと結んだ条約など価値のないものであり、いつでも破棄できるものでした。外交的合法性は国民的正当性に道を譲るべきものであったのです[12]。このように、解放戦争期に使われたドイツの文化概念は、敵が規則に従っていかに正しく行動したとしても、「人類の敵」としての定義から逃れられないことを前提にしていたのです。とはいえ、ドイツの愛国者たちの対抗的な言説につねに見て取れるのは、いかにフランス革命の論法がモデルとなっているか、そしてそれを道徳的な言説に直して逆にフランスに対して向けたか、ということです。

これまで引用してきた発言が、決して散発的な、誇張された例でないことは、強調しておかなければなりません。敵としてのフランスがドイツ国民意識の成立にとってはたした役割は、初期ドイツ国民運動の言論界全体には明白であり、それは、エルンスト・ヴェーバー〔ドイツの文学史研究者〕による体系的な研究が印象深く立証しています[13]。この敵対感情はまた、フィヒテ〔一七六二～一八一四、哲学者、『ドイツ国民に告ぐ』を著す〕やアルント、ケルナー〔一七九一〜一八一三、詩人、解放戦争において義勇軍に参加し戦死）ら——もっとも重要な人物だけを挙げるにとどめますが——の作品の非常に広範な受容と伝播によっても確認することができます。この敵対感情の言説は、しだいに政治指導者にとっても配慮しなければならないほど、実際の政治にとって規定的な要因となっていったのです。

ワーテルローでのナポレオンの敗戦によって、解放戦争期にドイツとフランスのあいだに築かれた歪んだ道、あるいは文明の溝は、表面的には消え去りました。より適切にいえば、すでにウィーン会議の講和締結が、諸国民間、諸王朝間の原則的な対等関係を暗示していました。たしかに「神聖同盟」という考えにはまだ、一方でドイツ国民運動が、他方で超保守的な反革命派が述べていた文明占有論の名残がありました。もっとも、道徳的な

フィヒテ

Gerhard Hellwig, *Daten der Deutschen Geschichte*, Gütersloh/Berlin 1976, 194.

意味づけを与えられた敵のイメージがもつ危険性は、その直接的なきっかけとは関係なく、依然として表面下で存続していたのですが。

このことは、さまざまな機会において繰り返し証明されることになります。一八四〇年の「ライン危機」の際に、また一八四八年の革命のときにも、さらにその後の一八七〇～七一年の独仏戦争を含めたドイツ統一戦争においても、世論のなかで国民的な自己理解と敵概念の密接な関係がみられました。驚くべきことは、敵対感情を示す言説の持続性です。ドイツ人のフランス・イメージは、ほとんど変わることなく自分たちのイメージの裏返しになっていました。フランス人は非道徳的で、不誠実で、不真面目であり、そして非キリスト教的であるとされました。フランス人の文明的な優位の自己主張は、この観点からみれば、まさにその逆であったことを指し示しているのです。

独仏戦争のプロパガンダにおける攻守の逆転

独仏戦争のプロパガンダのなかでも、解放戦争以来一般的になった「天国・地獄」という二元論のボキャブラリーが用いられました。[14] 再びまた、政治的・軍事的行為や日常生活にまでいたる文化など、あらゆる事柄、あらゆる次元において、フランスに文明国として不適格の烙印が押されていました。しかし、解放戦争以来の状況の変化のなかで、新たなものが付け加えられました。独仏戦争では、ドイツ人は、フランス文明の衰退の程度を示すために、戦時法、国際法上の手続きに力点をおくようになりました。プロイセンに対する正式な宣戦布告の遅延〔オリヴィエ内閣による議会での事実上の宣戦、戦時公債の承認（一八七〇年七月十五日）に遅れること四日、七月十九日にはじめてプロイセン政府に対し宣戦が布告されたことを指す〕から、フランス軍におけるアフリカ人部隊の投入、非正規兵のゲリラ戦にいたるまでのさまざまな証拠が、フランス文明の没落を示すものとして、ドイツ人によって引合いに出されました。グスターフ・フライターク〔一八一六〜九五、作家・編集者〕は『グレンツボーテン』誌において、以下のように明言しています。

知性と自由のあらゆる進歩にもかかわらず、フランスにおける支配的な党派、皇帝の取巻き連中、大臣たち、国民の代表の多数、圧倒的多数の新聞、そしてカフェと街頭にたむろする国民は、われわれの時代の文明とは相容れない高慢さと国民の尊大さの観念のなかで生きているのである。[15]

逆にフランス人は、共和国の成立が宣言されたとき、一八一三年のドイツ国民運動の代表者たちと同じように、自国民を文化と文明の神聖な具現化であると描きました。そして、共和国防衛の権利は、どのような制約にも服するものではないとされたのです。国民を巻き込む戦争や市街戦の様相をきわめて生々しく描き、フランスの正当性を強調したヴィクトル・ユゴーのような人物が思い描くドイツ人の残虐性は、ドイツ人がもつ敵対意識との類似関係を示す例の一つにすぎません。[16] たとえばパリの大衆紙『ル・プティ・ジュルナル』は、正当な人民戦争を極限まで実行するよう主張しました。

「ラインを守るゲルマニア」(クラーゼン)

Marie-Louise von Plessen (Hg.), *Marianne und Germania 1789–1889*, Berlin 1996, 39.

市街戦、われわれはそれを望む。……われわれは皆殺しにし、喉を掻き切り、闇討ちにするであろう。鋏の刃が凶器となり、煮えたぎる油とブランデーが砲弾の代わりとなるであろう。この戦争、われわれはそれを聖なるものとみなす。なぜならそれによってこそ、波のごとく襲いかかってくるこの野蛮人どもを、叩きのめすことができるからだ。[17]

この新しい状況の帰結は、講和締結の難しさのなかだけに読み取れるものではありません。締結にあたっては双方が、いわば和解不能な敵対関係と、自国民だけが文明を主張できるというレトリックのシーソーから降りなければならなかったのです。[18]ドイツ側では、解放戦争の時期とは異なり、自由主義だけではなく、部分的には保守主義の議論もまた、新しい、よりよいフランスの再来は可能であり、それはヨーロッパ全体の利害にとって望ましいものであるとみなしていました。『十字新聞』(保守系新聞)は、フランスがこの戦争で学んだのは、「生ける神に逆らってはいかなる人間性も」、いかなる真の文明も存在しないということだ、と書いています。そして続けて、フランス人が「必死に責任ある仕事をすれば、輝く宝石」を生み出すだろうと述べたのです。[19]保守陣営でさえ、持続的な敵対関係はまったく望んでいませんでした。むしろ一種の「再教育」に期待をかけていたのです。

フランスから見たビスマルク　犯罪者として描かれ，下には「怪物ビスマルク　窃盗，殺人，放火，強姦」と書かれている。

凱旋門におけるプロイセン（ドイツ）軍の行進　独仏戦争に勝利したドイツの軍隊は，パリの凱旋門を行進し，勝者であることを示威した。

上：*Bismarck in der Karikatur des Auslandes*, Berlin 1990, 51.
下：Martin Kitchen, *The Cambridge Illustrated History of Germany*, Cambridge 2000, 202.

たとえばある新聞は次のように書いています。

皇帝のご意思と、厳しい戦闘において新たな栄光のもと統一されたドイツ国民の意思は、両国のあいだの平和と友好関係が血なまぐさい争いに取って代わらなければならない、ということにある。苦しみと悼みがフランス文学に失われた高貴さを、彼らの芸術作品には純潔さを、彼らの道徳には謙虚な心の刻印を押すことになるだろう。[20]

「ヨーロッパ文明」の代表と排他的自己主張

この和解にはたしかに限界があったとしても、一八七一年以降フランスの伝統となった対独ルサンチマンと同様、根本的な敵対関係の定義に鑑みれば、和解そのものがなぜ可能であったかは、説明を必要とするものです。これら二つのことは、以下の点にその理由があるものと思われます。すなわち、排他的な自己主張(フランス側)とヨーロッパ諸国民の名において表明された文化と文明の主張(ドイツ側)が対峙したということです。この場合、ドイツは排他的な主張をおこなわないことで、その立場は中立国に対してフランスよりも有利な立場にあっただけではなく、この立場からは共通性の存続や再受容の条件をまとめることがより容易におこなうことができたのです。

それに対してフランスは、非常に無理な議論を重ね、言葉で事態を隠蔽しなければ（停戦は事実上降伏でしたが、フランスの強い要望で「協定」と表現されました）、その立場から脱却することはできませんでした。[21] ここでフランスに対して求められたのは、その国民的自己理解の特殊性を受け入れ、とりわけフランスが戦争のあいだにはまだ断固として否定しなければならなかった、独仏両国の対立調停の可能性を認めることでした。しかし、フランスにとってそれは難しいことだったのです。

こうして、十九世紀、二十世紀にかけて独仏関係のあいだに、つまり同じ文化圏のあいだで、サミュエル・ハンチントンのいう、ある重大な「文明の衝突」にいたることになりました。もっとも、独仏戦争の時代には、世紀転換期以降、とくに第一次世界大戦時にドイツ側から強調されたドイツ「文化」とフランス「文明」の対立図式は、まだ機能していなかった、という点は忘れてはなりません。[22] たしかに、ドイツにはフランスに対する軍事的勝利をより高い道徳性の勝利であるとみなそうとする傾向がありました。ドイツ側では「文化」と「文明」はヨーロッパ全体を包括する概念とみなされていて、その観点からフランスについても評価されたのです。一八七〇年十月のベルリン大学での学長講演において、カール・ゲオルク・ブルンス（一八一六〜八〇、法学者、当時ベルリン大学学長）は以下のように表明しています。

そうです。今次の戦争において問われたのは文明なのです。しかしわれわれの眼に晒されたフランス文明の姿はなんたる有様でしょう。われわれは皆、フランス文明をあらゆる知的・社会的分野において知っており、また称賛するところであります。しかし真の文明というものは、本質的に倫理的な要素をもその内に含んでいます。そして戦争がわれわれにみせた深淵のなんという深さでしょう。われわれは皆それを目の当たりにして仰天したのです。[23]

ドイツの勝利は「ヨーロッパにおける文明の勝利である」という確信は、ドイツの言論界に広くゆきわたっていました。当時のドイツにおけるフランスイメージは、デカダンスと「不道徳」のイメージによって強く刻印されていました。この意味において、そしてまさに一八一三〜一五年の国民的自己理解の線に沿って『フォス新聞』〔自由主義系新聞〕は、ナポレオン三世が捕虜になったのち、以下のように解説しています。

ナポレオン三世の生涯と運命は、高次の力の支配、つまり虚偽に対する真実、不正に対する正義、堕落に対する道徳、道徳的な腐敗に対する健全さの最終的な勝利の揺るぎない証なのである。

ここで否定されたのは、何よりも長きにわたってフランスが主張してきた優位でした。もっとも、独仏戦争では、文明の概念についてもそれを自国に限定しようとする傾向も忍び寄ってきてはいました。とはいえ、それは差し当たりは、両国間における「本来の」目的の実現をめぐる競合でした。ドイツでは、とりわけ声高に要求されたアルザス・ロレーヌの併合が、それに対応して自己理解の再定義を迫ることになります。解放戦争以降のドイツ国民観念は「客観的」で、「出自」に依拠するものであるという、これまで当然視されてきた理解とは反対に、そのような決定論的な理解は一八七〇〜七一年以降、はじめて発展したということを強調しなければなりません。それまでは、むしろ国民は、そうであろうとする「主観的な」意思の面が強調されていたのです。しかしアルザス問題によって、「客観的」と称する規準への依拠が必要になりました。アルザス人たちの圧倒的多数がドイツへの帰属を望んでいない以上、ほかにどうやって彼らのドイツ帝国への帰属を根拠づけることができたでしょうか。ハインリヒ・フォン・トライチュケは『プロイセン年報』の評論で、次のように述べています。

われわれドイツ人は……何がアルザス人にとって役に立つのかを、不幸な彼らよりもよく理解している。われわれは彼らの意思に反しても、彼らに固有の自己を取り戻させるつもりである。[24]

こうした排他的規定はその後蔓延していくことになりますが、それはやがて以前は自明のことであるとみなされていた、ヨーロッパの成果と共通性の蓄積が底をつくまでに掘り崩す傾向を内包していました。これは、政治的な立場の区別を無視して進もうとする意思をともなっていました。たとえば五〇年前のエルンスト・モーリッツ・アルントと同様、トライチュケも次のように述べています。

アルザス・ロレーヌ併合を描いたフランスの風刺画(1895年)　アルザス(手前右)とロレーヌ(奥左)。「殉教者」としてのアルザス・ロレーヌというイメージは，フランス第三共和政期の「対独復讐」(ルヴァンシュ)論において頻繁に用いられた。

Wolfgang Leiner, *Das Deutschlandbild in der französischen Literatur*, Darmstadt 1989, 189.

われわれはフランス人のどのような党派に対しても肩入れすることはないし、そのようなことは決してありえない。なぜなら彼らはみな等しくわれわれの敵であるのだから[25]。

独仏関係の歴史がもつアクチュアリティ

この現象から、具体的な歴史的状況を超えて、今日まで政治的行動単位への同一化と差異化のメカニズムに関する示唆を引き出しうるとすれば、それは次の二つのことです。一つには、一世紀以上にわたって強い影響力をもちながら継続した敵対意識という原理主義です。第二は、この敵対意識と、友好的な関係を含む密接な文化交流との同時存在です。というのも、当然のことながら独仏関係の歴史は死をも厭わぬ敵対関係の歴史だけであったわけではないからです。しかしどのようにして文化交流と根本的な敵対関係が共存しえたのでしょうか。

敵対意識は近代の国民の自己理解の形成にとって不可欠本質的なものであるということは、すでに述べたとおりです。敵対意識の二分法的なモデルは自国民についての省察を支配していただけではなく、科学、芸術、文学の領域にまでおよぶものでした。多くの芸術家や科学者たちは危機や紛争の時期に祖国を熱烈に擁護しただけではなく、同時にそのつど国民に示す敵対関係の定義を引き受けたのです。「敵国」との職業上の、あるいは私的な交流も、この自国との同一化を相対化することはおろか、問題視することもできませんでした。しかしその一方で、科学的・私的領域では、十九世紀全体をとおして両国の文化を特徴づける持続的な交流がおこなわれていたのです。

このことは決して自明なことではありません。もし和解だけではなく、相互の刺激が可能であったのなら、その原因は次のことに求められると思われます。つまり、芸術や科学には敵・味方という敵対関係以外の第三の領域が存在し、それはその単純な形態では職人的・技術的次元のものであって、固有の規則と法則をもつ独特の労働エートスに結びついていました。ここには国民的帰属とは重ならない結びつきと敵対関係があったのです。もっともこの第三の領域も世界観的な基盤をもっていて、そこでは自国民とその「使命」がますます重要性をもつようになっていったのです。

その結果「大衆の国民化」と並行して、科学と芸術の国民化が起こることになります。しかし、これは説明要因の一つにすぎません。政治的同一化の理論はとりわけ、特定の状況において国民としての関与を最優先に考える、複数の動機の組合せを見極めなければなりません。出自、家族、職業、社会関係といった個人的なアイデンティティと、都市、地方、国家などの集団的な統合の相乗効果について、わたしたちはまだあまりにも無知で、推測以上のことをいうことはできません。しかし次のように考えることはできるでしょう。すなわち、同じ世界観的動機が、その形態や使われ方は多様であったにせよ、これらすべての同一化の次元を結びつける役割をはたしてきた、ということです。これらの動機やイメージにおいて重要だったのは操作単位でした。それは、すべての生活領域で（国民のイメージや現実の行動単位としての国民もその一部です）同一の、あるいは似かよった推進力を与えたの

Undeutsch,
sittenlos und sinnlos ist die Pariser Damenmode. Sie füllt die Taschen unserer Feinde, sie macht ihre deutsche Trägerin zum Zerrbild eines menschlichen Wesens. In ihrer Schamlosigkeit ist sie unserer pflichtbewußten deutschen Art geradezu entgegengesetzt.
Weg mit der Pariser Mode aus deutschem Land!
Echt deutsch und anmutig, sittig und ernst sind die Thalysia-Reform-Kleider. Sie sind der konzentrierte Ausdruck deutschen Wesens in der Frauenmode. Es ist die echte deutsche Tracht, zugleich vornehm und hygienisch. Es hält sich stets in den Schranken des soliden Geschmacks und ist harmonisch in Farbe und Gesamtwirkung. Es ist die Tracht der Zukunft, wenn Deutschland nach diesem Kriege groß u. mächtig erblüht.

第一次世界大戦中の反仏広告　パリの婦人服は「非ドイツ的」で「不道徳」，そして「無駄な」ものであり，「その破廉恥さは，責任感をもったわれわれドイツ人の性質に真っ向から対立するものである」として，「ドイツの地からパリのモードを追放せよ」と訴えている。右の写真は、その対極として推奨された「ドイツ的」婦人服。

Berliner Geschichtswerkstatt (Hg.), *August 1914*, Belin 1989, 248.

です。[26]より一般的な観念と国民が結びつき、それらが救済願望や、個人的・集団的な調和願望を受け入れ、自分自身に投影できてはじめて、「国民的なるもの」があのような荒々しい歴史をたどることを可能としたのです。

第二次世界大戦後、国民はそうしたイメージ複合体の独占的担い手としての役割をやめ、もっぱら実践的な政治組織の地位に後退したように思われます。それは国民に限られたものではありません。同時に世界観的なイメージ、価値、徳目のグループ全体もまた、その反対物とともに、徐々に魅力を失っていったように思われます。ナショナリズムの歴史全般も、独仏関係の歴史それ自体も、現在が準拠すべき枠組みとしての役割を失ったのです。文明を規定する権利の要求と集団の価値を定義する権利をめぐる闘いは、もはや独仏関係においては起こらないでしょう。しかしながら、それとともにそのような根本的な紛争がヨーロッパ内部においても終結したのだとみなすことは、危険な誤謬といわなければならないでしょう。なぜならヨーロッパを特徴づけてきたのは、何よりもその分裂の試練であったからです。

1 この相互の接近と離反のプロセスについては、以下を参照。H. J. Lüsebrink/J. Riesz (Hg.), *Feindbild*

und Faszination. Vermittlerfiguren und Wahrnehmungsprozesse in den deutsch-französischen Kulturbeziehungen (1789–1983), Frankfurt am Main/Berlin/München 1984.

2 依然として最良の叙述として、以下を参照。G. Ziebura, *Die deutsch-französischen Beziehungen seit 1945, Mythen und Realitäten*, Pfullingen 1970.

3 S. Huntington, The Clash of Civilisations?, in: *Foreign Affairs* 72–3 (1993)（「文明の衝突」『中央公論』一九九三年八月号、著書としてサミュエル・P・ハンチントン、鈴木主税訳『文明の衝突』集英社、一九九八年）.

4 独仏間の敵のイメージの歴史については、以下を参照。M. Jeismann, *Das Vaterland der Feinde. Studien zum nationalen Feindbegriff und Selbstverständnis in Deutschland und Frankreich 1792–1918*, Stuttgart 1992.

5 E. M. Arndt, *Über Volkshaß und über den Gebrauch einer fremden Sprache*, Leipzig 1813, 9f.

6 C. Wiedemann, Deutsche Klassik und nationale Identität. Eine Revision der Sonderwegs-Frage, in: W. Voßkamp (Hg.), *Klassik im Vergleich. Normativität und Historizität europäischer Klassiken*, Stuttgart/Weimar 1993, 541-569.

7 F. C. Rühs, *Historische Entwickelung des Einflusses Frankreichs und der Franzosen auf Deutschland und die Deutschen*, Berlin 1815, Vorrede, X.

8 *Ebenda*, XII.

9 E. M. Arndt, Geist der Zeit, in: *Arndts Werke, Auswahl in 12 Teilen*, hg. mit Einleitung und Anmerkungen versehen von A. Leffson/W. Steffens, Berlin 1912, 6. Teil, 155.

10 アルント自身、事実また、皮肉をこめていっていたのである。「われわれの歴史には奇妙な狂気が作用しており、私もそこから抜け出て賢明になることなどできない。ドイツ人が悲しむべき現状について嘆くとき、彼らは決まって中世における彼らの祖先の絶大なる権力や豊かさ、力強さについて、口酸っぱく語ろうとする。私はそれを探してみるのだが、どこにもそのようなものは見つからない。ただし、太古の時代のゲルマン的なものすべてをドイツであるというのであれば別であるが」。E. M. Arndt, Geist der Zeit I, in: *Werke*, 6. Teil, 97f.

11 F. Rückert, *Geharnischte Sonette*, 34. 引用は以下の版による。E. Hertzer (Hg.), *Rückerts Werke*, Berlin o. J. 1. Teil.

12 O. Dann, Vernunftfrieden und nationaler Krieg. Der Umbruch im Friedensverhalten des deutschen Bürgertums zu Beginn des 19. Jahrhunderts, in: W. Huber/J. Schwerdtfeger (Hg.), *Kirche zwischen Krieg und Frieden. Studien zur Geschichte des deutschen Protestantismus*, Stuttgart 1976, 169–224.

13 E. Weber, *Lyrik der Befreiungskriege (1812–1815). Gesellschaftspolitische Meinungs- und Willensbildung durch Literatur*, Stuttgart 1991.

14 一八七〇〜七一年の戦争についての文献はきわめて豊富である。もっとも重要な最近の研究については、以下の論文集の序文において注釈つきで挙げられている。Ph. Levillain/R. Riemenschneider (Hg.), *La Guerre de 1870/71 et ses conséquences*, Bonn 1990 (=Deutsches Historisches Institut, Pariser Historische Studien, Bd. 29).

15 G. Freytag, Der Kriegslärm in Frankreich, in: *Die Grenzboten* 29, Bd. 3 (1870), 82.

16 V. Hugo, Aux Français (17.9.1870), in: F. Bouvet (Hg.), *Victor Hugo Oeuvres politiques completes*, Paris

1964, 685.

17 La guerre des rues, in: *Le Petit Journal*, 30.8.1870.

18 E. Kolb, *Der Weg aus dem Krieg. Bismarcks Politik im Krieg und die Friedensanbahnung 1870/71*, München 1989.

19 Der Frieden, in: *Leipziger Illustrirte Zeitung*, 25.2.1871.

20 Ebenda.

21 フランスのドイツイメージについては多くの研究が刊行されている。ここではとくに以下の素晴らしい総括的研究とその特筆すべき参考文献一覧を参照されたい。W. Leiner, *Das Deutschlandbild in der französischen Literatur*, Darmstadt 1989.

22 これに関しては以下の重要な論文を参照。J. Fisch, Zivilisation, Kultur, in: O. Brunner/W. Conze/R. Koselleck (Hg.), *Geschichtliche Grundbegriffe. Historisches Lexikon zur politisch-sozialen Sprache in Deutschland*, Bd. 7, 679–774, Stuttgart 1992. そこでは、「文化」と「文明」の対立の歴史について、従来の研究の想定に大幅な修正が加えられている。

23 C. G. Bruns, *Deutschlands Sieg über Frankreich. Rektoratsrede vom 15.10.1870*, Berlin 1870.

24 H. v. Treitschke, Was fordern wir von Frankreich, in: *Preußische Jahrbücher* 26–3 (1870), 367–409, hier 389.

25 H. v. Treitschke, Friedenshoffnungen, in: *Preußische Jahrbücher* 26–4 (1870), 491.

26 こうしたイメージについては以下の論文集を参照。M. Jeismann (Hg.), *Obsessionen. Zur Geschichte der beherrschenden Gedanken im 19. und 20. Jahrhundert*, Frankfurt am Main 1994.

西山暁義 訳

最後の敵

負の普遍主義——ナショナリズムと反ユダヤ主義

ドイツ史におけるナショナリズム研究と反ユダヤ主義研究

「ナショナリズムと反ユダヤ主義のあいだを結びつけるものは、直観の次元にとどまっていて、学問的次元にまでいたっていないように思われる」と、最近の論考でシュラミト・フォルコフ〔イスラエルのドイツ史研究者〕は述べています。そして彼女は、「反ユダヤ主義それだけをほかから切り離して扱うことをやめる」ように訴えています[1]。これを受けて以下では、ドイツにおいてナショナリズムと反ユダヤ主義がどこにおいて、またどのようなかたちで交錯することができたのかを理論的な見取図として示そうと思います。

その際、私たちは政治史、思想史、そして心性史にまたがる領域という、把握が難しい事象に直面することになります。またこの特別な事例においては、ナショナリズム研究と反ユダヤ主義研究のあいだの相互交流の欠如が困難に拍車をかけています。にもかかわらず、両者の研究の流れを一つにまとめることは、ナチズムのより良い理解にとっても必要ですし、ドイツ連邦共和国の政治文化にとってでも望ましいことでもあります。というのも、この「空隙」すなわち反ユダヤ主義とナショナリズムを結びつける輪が欠けていることが、単純化や根拠のない憶測、国民神話的な幻影にさらなる場を提供することになるからです。

このことはとりわけダニエル・ゴールドハーゲン〔アメリカの政治学者〕の著書『ヒトラーの自発的死刑執行人』と、それをめぐって展開された論争によって、劇的なかたちで示されました[2]。そこでまず、この論争で引き起こされた苛立ちが、ナショナリズム研究と反ユダヤ主義研究の分離にどこまで関係しているかという問題をみていくことにしましょう。

ゴールドハーゲンの挑発と「ドイツ特有の道」論

ゴールドハーゲンのテーゼが、その明らかな欠点や歴史研究上の見落しにもかかわらず、あるいはまさにそれゆえに、歴史学界に対する挑発となったのには、二つの点に原因がありました。一つには、ゴールドハーゲンが、ホロコーストはさまざまな歴史的条件の累積の結果引き起こされたという定説化された機能派の主張[訳註1]に疑問を投げかけ、あらためて個人の罪、そして集団の罪への問いを提起したからです。他の一つは、彼が「絶滅志向的反ユダヤ主義」(eliminatory antisemitism)をドイツ人の決定的な国民的特質と単純化したことでした。この国民性と反ユダヤ主義の短絡的結びつけは、「ルターからヒトラー」を直結させるあのドイツ国民の負の神話を強く想起させるものでした[3]。ゴールドハーゲンによって再び歴史研究の場に持ち込まれたこの「特有の道」論の極端な変種が歴史家たちを挑発したのは、そのイデオロギー的な性格によってだけではありません。同じように挑発的であり、理解しがたかったものは、このドイツ国民の神話を学問的に相対化し、ホロコーストが起こった具体的な諸条件に注意を向けさせようとしてきたこれまでの歴史学の試みが、個人的なモラルの問題が重視されるなかで、一般国民の規範に何の影響も与えていなかった、ということです。

歴史家たちは、これまで何十年にもわたってそれなりの努力をはらい、「それはいかにして可能であったのか」という問題を、全体主義体制の状況下におけるユダヤ人絶滅の制度的・行政的な独自の力学を追究することで解明しようとしてきただけに、このことは意外に思われたのでした。彼ら歴史家たちは、自分たちの研究は悪魔研究のようなものとは無縁であると思い込んでいました。もっとも、そうした姿勢によって反ユダヤ主義、そしてナショナリズムの連続性は後景に退くことになってしまったのですが。

一九七〇年代の西ドイツの歴史家の一部は、ナチズムとホロコーストの前史を、ドイツ第二帝政(ドイツ帝国)の社会的・政治的諸条件に、つまり心性ではなく、体制に原因があるとする「特有の道」論のなかにみていました。しかし、八〇年代になると、歴史家たちはホロコーストの短期的な原因の考察へと方向を転換していきました。それとともに、ドイツ帝国はますます好意的にみられるようになり、もはや「特有の道」という見方はほとんど消えうせてしまいました。同じように、ドイツの反ユダヤ主義はとくに突出したものではなく、他のヨーロッパ諸国と同じようなレベルであったと評価されました。こうした傾向をみて、シュラミト・フォルコフは先に引用した論文において、「われわれはどうやらあまりにも反対の方向に行き過ぎてしまったのではなかろうか[4]」と述べたのです。

こうした変化に対応して、ホロコーストの原動力は世界史的な悪の権化から「まったく普通の男たち(人びと)[5]」へと引き下げられました。たしかに、曖昧《あいまい》で変動する政治状況、その際にあらわれる多様な反応と行動様式の相互作用のなかで、ホロコーストの行政的プロセスに集中することによって、歴史家たちは順応、適応、抑圧のメカニズム、集団的、個人的な裁量の余地についての歴史的・人類学的な洞察を得ることができました。しかし他方では、心性や政治的情動の問題は隅へと追いやられるか、あるいはもはや取り上げられなくなってしまいました。

ゴールドハーゲンは、ホロコーストの前提条件であるこの問題を再び前面に持ち出してきたのです。そしてそれは正しかったのです。なぜなら、段階的に実行に移された「ユダヤ人問題の解決」に関する歴史研究は、イデオロギーや心性における前提条件や原動力を無視しては理解できないからです。もっとも、ゴールドハーゲンは問題を正しく提起したものの、負の国民神話に立ち戻る以外の回答を示しませんでした。

ホロコーストの長期的前提条件

十九、二十世紀の歴史を規定する諸観念を考えるならば、ホロコーストの長期的な前提条件として、ナショナリズムと反ユダヤ主義の結びつきを十分に考慮しなければならないことは確かです。この結びつきは今までほとんど明らかにされていません。フォルコフが、ナショナリズムと反ユダヤ主義を結びつけるものが直観にとどまっていて、学問になっていないと確認するとき、それは、この結びつきがごく最近の時期までまったく追究されてこなかったという事実を、婉曲に言い換えているのです。

しかし、もし追究されてきていたとしても、ナショナリズムについての一般的なイメージ、政治的な類型抽出志向のナショナリズム研究においては、反ユダヤ主義との接点を見出すことは困難であったに違いありません。この両者のあいだの溝に架橋しようとするなら、その前に今日では不思議に思われる、ナショナリズム研究と反ユダヤ主義研究の分離した原因を見つけ出すべきでしょう。というのも、この分離はドイツ史自身の結果でもあり、ドイツ国民のまとめ方の特殊性にその前提条件があるからです。ここで国民のまとめ方という言葉で意味されているのは、身分制社会から近代社会への過渡期に新しい種類の共通性、関係、忠誠心を呼び起こした観念、概念、イメージのことです。そしてそれは、こうしたイメージを人びとの日常生活のなかに移し替える政治的行動も意味しています。

近代国民の成立は、あらゆる生活領域に影響を与えずにはおきませんでした。それは社会集団間、そして個人相互の関係を決定的につくりかえ、あるいはそうした関係をはじめてつくりだしました。国民とは、すでに国家としてまとまっているか、あるいはそれをこれからめざすかを問わず、新しい枠組みと新しい規準システムを設定するものでした。このことはとりわけ個人の政治的・法的な地位に当てはまりました。公民という概念は平等や国家との直接的関係をめざすものでした。具体的な影響はきわめて多様なものであったことは確かですが、見過ごしてはならないのは、国民という観念とともに、社会の内部において、政治参加が市民全体へと広げられる傾向をもっていたことです。この過程は身分の境界、宗教的・民族的境界、あるいはその他の要素に由来するさまざまな伝統的な制約に打撃を与えました。社会的にみれば、身分制からの解放は市民層において始まり、最終的には下層民を包含するものでした。この解放はまた新しい種類の統合も意味していましたが、多くの集団にとっては伝統的アイデンティティと、政治参加のジレンマが生まれました。このことはとくにユダヤ人にとって当てはまりますが、彼らだけであったわけではありません。

ドイツ国民史からのホロコーストの隔離

これまでの研究は、公民化と国民国家形成の過程におけるこの法的・政治的変化とその社会的帰結を、多くの領域において、また多くの問題設定によって、追求してきました。この過程がユダヤ人にとって何を意味していたのかは、狭い意味での社会的・政治的次元に関する限り、比較的よく研究されているように思われます。しかし、この統合の過程がユダヤ人の根底的排除と物理的絶滅につながりえた前提条件を明らかにするために、政治史、社会史、文化史、そして言説史を組み合わせることが不十分であったという印象は拭えません。

その結果、一方に反ユダヤ主義研究があり、他方にナショナリズム研究があるということになり、両者はときに触れ合うことはありますが、それぞれ独自の問題を追うということになったのです。ナショナリズム研究の立場からみれば、反ユダヤ主義は一種の付録のようなものであり、また問題設定としてナショナルな枠をすぐに超えていってしまうものでもあります。もう一方の側、すなわち反ユダヤ主義研究の側からみると、国民の枠組みとナショナリズムと呼ばれるものはあまりに狭く、さらに時期的にも十九、二十世紀に集中しているということになります。

それゆえ二つの研究の糸が交錯し合わなかったのは、たんなる歴史研究上の恣意でも偶然でもありません。たしかにこのことは、反ユダヤ主義とナショナリズムという二つの事象のそれぞれ異なる前提条件に原因があります。しかしまた、両者の分離が驚くほど長く続いているということは、ありうる交差や接触を忌避しようとする政治的判断とも関係し

1880年代のユダヤ人風刺画　「あの男(ユダヤ人)のおかげで，われわれは移民になるのだ」。ユダヤ人(右端)は投機的資本家として描かれている。

ています。歴史研究からみて決定的な要因は、一九四五年直後から、ナチ時代をドイツ史全体から「迷子石」のような異質な存在として明確に切り離したという事実です。ドイツ史は「ドイツの悲劇」から救い出されなければならなかったのです。

個別的にはドイツ第二帝政の、一般的にはドイツ国民意識の「正常性」が、ドイツ史を病理的と診断しようとするあらゆる試みに対抗して主張されました。このこと自体は理解できるにしても、それは結果として、今日では認識の障害とみなさざるをえない研究の不毛さに大きく加担してきました。しかし、現在では政治的アイデンティティの必要性という観点から、ドイツの過去を考察しようとす

Rachel Heuberger/Helga Krohn, *Hinaus aus dem Ghetto*, Frankfurt am Main 1988, 117.

る関心や、現実生活からそうした刺激が出てくることは退潮しつつあります。したがって、ナショナリズムと反ユダヤ主義とのあいだの明らかにされた接点が、かつての免罪（犠牲者史観）と病理のモデルに回帰するのではないかという不安から、歴史研究は解放されなければならないと思います。現在こうした問題で歴史研究において転換をあらわす事例がいくつかあります。

二つの思想の研究史に広くみられる相互関係の欠如は、近年のナショナリズム研究に関するある包括的な研究動向報告においても、反ユダヤ主義がまったく触れられていないことに反映されています[6]。これはこの研究動向の怠慢というより、歴史研究の無力さの証拠なのです。現在なお、近代のユダヤ人の歴史とナショナリズムとの関係を、ごく一般的な確認以上に発展させる理論的な手がかりはまだ一つもありません[7]。たとえば、ディータ－・ランゲヴィーシェ（ドイツの近現代史家）は「攻撃」と「参加」の対概念を用いていますが、それはナショナリズム研究に限定されています。

段階論的ナショナリズム研究の陥穽

この欠陥は、ナショナリズム研究の伝統的な構成と大いに関係しています[8]。それは「統合的」「攻撃的」「自由主義的」ナショナリズムといった類型論と結びついて、段階的に悪化する移行モデルを強調しています。近代国民のまとめ方がもともと敵意や暴力に不可分に結びつきうるということは、多くの場合、一つの可能性としてすら定義上最初から排除されています。ランゲヴィーシェがオットー・ダン〔ドイツの近現代史家〕の著書を例に正しく指摘しているように、「悪の始まるところで、ダンの定義は国民を終わらせてしまっている」のです[9]。

この指摘はダンだけではなく、さまざまな理由から奇妙にも攻撃的な要素を過小評価する傾向のあるナショナリズム研究の支配的な潮流に当てはまるものです。この指摘に従わなかったからといって、それが国民を悪の権化にしようとしてしまうことにはなりません。しかし、国民を一つの寛容な社会単位と断定することは、致命的な誤りです。そのような考えでは、政治的な調和への欲求が満たされるだけで、政治体制の非情な形態を認識することはできません。

しかしながら、本来研究の中心的動機であったものが定義上排除されてしまったとしたら、ナショナリズム研究はいったいなんのためにあるのでしょう。社会のまとめ方についての他のモデルは、まずこの背景からその可能性と危険性が提示され、評価されなければなりません。反ユダヤ主義との結びつきを問題にするならなおのこと、この視野の偏狭化がいかに障害であるかは明らかです。反ユダヤ主義が十九世紀の流れのなかで変化したとすれば、このことはたんに組織の形態にのみかかわるものではありません。変化自体も、きわめて多様な精神史的関連におけるイデオロギー形成、より正確にいえば自己と敵の特徴づけにおいて生み出され、映し出されるのです。これは内容の問題というよりは、むしろ関連、組合せ、認識の問題であるといえます。そしてこの関連がナショナリズムの類型論的な定義によって切断され、隠蔽されてしまうのです。

10 ドイツ・ナショナリズムと宗教・宗派

最近、ナショナリズムと宗教、宗派の関連について追求してきた歴史家といえば、ヴォルフガング・アルトゲルト〔ドイツの近現代史家〕の名がまず挙げられるでしょう。アルトゲルトは、カトリック教徒のユダヤ教徒への敵意のなかに、ドイツの特殊国民史的な問題性があると考えています。アルトゲルトによれば、それは自由主義的色彩を帯びたプロテスタント的プロイセンの国民観念が、他の観念を押しのけて支配的観念として登場したことで成立したのです。「それはこういうことであったのだ」とアルトゲルトは以下のように述べています。

つまり、カトリック教徒たちは国民国家建設のプロセスのなかで、自分たちが信用されず、差別されているように感じ、その間国民志向の自由主義はまずは北ドイツ連邦において、ついでドイツ帝国において、ドイツのユダヤ教徒の解放を完了させたのである。

彼はさらに続けて、

少なからぬカトリックの政治家や言論家たちはそこに、お互いに結びつけられ、直接的な関連にある二つの非キリスト教化攻勢の方向性をみたのである。この見方は自由主義的な「ユダヤ教徒の文化闘争の闘士」に直面してますます強められ、さらにユダヤ教徒は反カトリック的、つまり反キリスト教的で自由主義的特徴をもつ国民国家のシンボルに、……そして反自由主義的でカトリック的国民観念にとって否定すべき参照点になりえたのである。

といっています[11]。アルトゲルトは、ここにプロテスタント的プロイセンの保守主義との類似性をみています。要するに、彼のテーゼは反国民的反ユダヤ主義、あるいはアルトゲルト自身の表現を用いれば、「公定の」ナショナリズムへの敵対関係から生じた反ユダヤ主義という概念に集約させることができるかもしれません。

それに従うならば、少なくとも三つの異なる形態の反ユダヤ主義があることになります。すなわち保守カトリック的、保守プロテスタント的、そして最後に国民自由主義的の三つです。ナショナリストであろうと、反ナショナリストであろうと、どちらであっても、反ユダヤ主義者であることができたのです。たしかにプロテスタント的な色彩を帯びた国民をこのようなかたちで把握することは、疑わしいように思われるかもしれません。というのも、ここでは求められる国民統合のなかで、カトリック教徒とユダヤ教徒のあいだにある根本的な立場の違いを隠蔽しやすい類似性が、つくりだされてしまうからです。

そこでアルトゲルトは次のようにいっています。


危ういところで、カトリック教徒は——のちの社会民主主義者も同様であったが——自らが、M・ライナー・レプジウス〔ドイツの社会学者〕の言葉を用いれば、「民族的に異質な国民」として排除されそうになっていると思っていた。しかしながらそれはあくまで危ういところで、にすぎなかったのである。というのも、その民族としての属性によって、このカトリック教徒たちはドイツ的に教化され、「国民化」されることが可能であり、またそうされなければならなかったのだから！[12]

国民に対する立場においてカトリック教徒をユダヤ教徒から隔てる、まさにこの「危ういところで」という言葉に、決定的な相違があるのです。この違いはカトリックの犠牲録のなかではほとんど消されていますが、アルトゲルトが追究する、ドイツ国民とキリスト教諸宗派、そしてユダヤ人の自己理解のさまざまな潮流のあいだの摩擦は、いずれにしても国民概念とそれに結びついた統一、正当性、起源、使命、未来といったことのイメージの問題にあらためて取り組むことの重要性を示しているのです。

アルトゲルトは、あくまでカトリックの立場からみた議論を展開しています。だからこそ、彼は論争的な動機を超えて、国民と宗派の結びつきにおける多くのことをより鋭く正確にみているのです。しかし、〔ドイツ国民国家建設の〕犠牲者としてのカトリック教徒という彼の議論は、今のところまだヴァイマル共和国時代までしか達していません。一九三三年以降の時期は、深い溝によってそこから分け隔てられています。これは残念なことです。というのも、アルトゲルトが彼のテーゼをナチズム期にどう適応させるかが期待できたはずだからです。まさにここにおいて、彼のアプローチの説得力、あるいはまたその限界が証明できたはずだからです。

というのも、ナショナリズム研究と同様に反ユダヤ主義研究の方法的アプローチを、十九世紀から二十世紀にまで広げたように、さらに一九三三年を越えて広げようとするところに、取り組むべき課題があるからです。それによって、政治的切れ目の重要性が問題視されることになるわけではありません。しかし、短期的なプロセスを重視しつつも、ナチズムにおける、そしてユダヤ人絶滅にとってのイデオロギー的・心性史的な要素を完全に無視しないという前提に立つならば、どのような動機に立てば、考えられることの限界を超えて、考えられないことが実現可能になったのか、そしてこのことがなぜほかならぬドイツにおいて起こったのか、という問題に、私たちは依然として直面しているのです。

ドイツの例は他に類をみない現象ですが、ヨーロッパで広くみられる第二次世界大戦中の対独協力は、それが他のヨーロッパ諸国においても反響がないわけではないことを示しています。ルター以来植えつけられ、ドイツ人にアウシュヴィッツを考案させた集団的・狂信的な絶滅志向的反ユダヤ主義を前提として挙げることは、当惑をそのまま答えにすることにほかなりません。だとすれば、どのようにすれば「黒幕」の存在や、歴史的宿命などを持ち出すことを避けることができるのでしょうか。

これまで、極端な民族浄化や絶滅観念が他の国々よりもなぜドイツでより大きな反響を見出したのかということを、国民の自己概念と敵概念、そしてその緊張関係から解明しようとする試みはなされてきませんでした。[13] このような試みが有効なのは、近代国民がたんに完全に新たな種類の現実の、さらに想定上の統合状況を生み出しただけではなく、その過程で同じように新たな種類の敵対関係、対立関係をもたらしたからです。[14] 統合と敵意を切り離すことはできません。この二つが国民の自己規定を形成しているのです。

この二極モデルにおいて問題になっているのは、多くの場合、党派の多様性を超えて共有されているものの、通常は意識されていない根本的な思い込みです。以下では、ドイツにおけるこの国民の対極性の構造的な性質について、一つの見取図を提示したいと思います。それに続いて、この自己・他者イメージという対立概念のシステムにおける反ユダヤ主義の位置が、より具体的に推定されることになります。そして最後に、どの歴史的時点において、どのような前提のもとに、どのような広範な影響をもって、ナショナリズムと反ユダヤ主義が一つに合流することができたのかについて、私なりの解釈を提示したいと思います。

あらゆる他の政治的行動単位と同じように、近代国民もまた誰がそこに所属すべきかを定め、誰を排除するのかを定めた自己規定に基づいています[15]。この国民の自己規定はドイツにおいて十八世紀に原型があり、ナポレオンによる占領と解放戦争の時期にその基本構造が確立されました。それはフランス革命とナポレオンの支配下でつくりだされた国民概念や政治的自己理解との直接的な格闘のなかで成立し、刻み込まれました。ドイツ国民の政治的概念を得ようとしたり、あるいはさらにドイツ国民国家を渇望する者は、この観念のなかに新しい種類の正当性を見つけなければなりませんでした。

この正当性はたしかに伝統的な支配の根拠とも混ざりうるものですが、たとえば国民的なものとして用いられる「フォルク」(国民・民族・人民)や「ドイツ的なもの」という新たに理解された概念によって練り上げられ、そこからしだいに政治世界の特殊な理解が展開されることになったのです。とりわけドイツ国民という観念は、そもそも意味のあるものとしてあらわれるためには、国民的普遍主義やフランスの政治的使命観念への対応をもたなければなりませんでした。というのも、自由、平等、博愛という人類的理念を一国で独占し、それへの参与を支配権と結びつけたフランスの普遍主義は、あらゆる敵を一方的に何か特殊なものの代表者として序列化し、彼らに人類的な権利や、歴史・政治的使命などというものを認めるようとはしなかったからです。

ドイツにおけるナショナルなものの布教者や思想的先駆者たちは、この挑戦に応え、フランス革命の政治的原則に対し道徳的・キリスト教的な価値を、フランスの国民概念が潜在的にもつ境界の否定に対し国民の境界の厳密な画定を、対置しました。フランスにおいては、平等という目標とすべき概念から諸国民間の差異は否定的に評価されたのに対し、ドイツにおいてはこの差異は人類的観点から国民の原則に高められました。フランスの国民理解によれば、諸国民は何よりもまず平等であるべきであったのに対し、ドイツの理解では、排他的な差異性においてこそ平等であるとされたのです。

それは人類を考えるそれぞれ異なるやり方だったわけですが、このことは個別的には敵対関係の表象にとっても、またプロパガンダ的・国民的な対外表現全体にとっても、大きな影響を与えることになります。こうしてドイツにおける国民なるものの宣伝家たちは、もはや敵国の政治的指導層だけを対象とした敵対関係の理念だけではなく、一種の民主化行為によって他国の国民を一括して敵であると宣言したのです。

このような国民化された敵対関係の萌芽は、それが脅威として、対立するものとして感じられる限り、他国民の他者性に根拠づけられていました。自国民の価値、意味そして役割は、他国民とは共有しえない、一連の排他的な特性によって定義されました。このような特性は、たしかに原則としては他の国民にも認められるものでした。しかし国民というものに道徳的・神学的な意味が付け加えられることによって、やがてドイツは諸国民を格づけ、世界秩序を監視すべき「神に選ばれた民族(Volk)」となりました。そこで問題となったのは一種の精神的な指導をおこなう権利の主張であり、それはのちに政治的な指導や、軍事的な指導にも向かうことになります。

このドイツ国民の使命についての政治的な理解に内包されるキリスト教の伝統的要素は、十九世紀に世俗化が進んでいくとともに時代遅れのものであるとみなされ、ただ国民的自己感覚の形成の背景としてのみ重要であるにすぎなくなり、そこからドイツ人に他の民族、国民に対するまっとうな使命観が引き出されることはありませんでした。

内なる敵と外なる敵、その交差

ナショナリズムと反ユダヤ主義の関連の前提は、敵の性格づけが外と内のあいだで重なりうるものであるということにあります。そのようなプロセスは、これまで歴史研究においてはほとんど追究されてきませんでした。しかし、当初はとりわけフランス人を特徴づけるために用いられた概念やイメージが、のちに国内の政治的な敵に対しても向けられたことは疑いようもありません。二重の意味でこの重なり合いの標的となったのがユダヤ人でした。なぜなら彼らの場合、フランスの国民理解に対抗するドイツの国民概念のキリスト教的・道徳的な言回しが転用されることで、政治的・道徳的な烙印を国民的・民族的なそれで補強することができたからです。

この国民的善悪二元論は十九世紀初めから第一次世界大戦にいたるまで、多様な変種があったにもかかわらず、その構造を保持してきました。この現象の歴史的重要性を測る際に折に触れ主張されるのが、諸国民は結局のところつねに相互に戦争状態にあったわけではなく、敵と民族浄化の観念は長期的には取るに足らない過剰な政治的空想の行過ぎにすぎない、というものです。戦争が終わるや否や、「野蛮な」敵対関係にとってかわってたんなる対抗関係、すなわち合理的に、また形式的にも制御された対立に戻るというわけです。

そして小ドイツ的な国民意識の形成にとって、内政的な対立こそが決定的であり、敵のイメージとしてのフランスは一八七〇〜七一年の敗北以降、周縁に追いやられてしまうのだ、と主張されます[16]。史料がこの説を裏づけるかどうかは別にして、当時の記録においても明確に、広く把握できるのは、国内の対立において、対外的敵対関係の定義に用いられる基本モデルが政治領域の形成の前提になっているということです。その限りにおいて、基本的な国民の方向づけとその意味、象徴体系を問題にするとき、国内政治と外交政策のどちらからみていくのかということは、大きな問題ではありません。国内において育まれ、囲い込まれた長期のナショナリズムと、行き過ぎた「野蛮な」短期のナショナリズムのあいだを区別することは、機能主義的な合理性観念の幻想なのです。こうした観念が、歴史における政治と心性の領域を定義上消し去ってしまうのです。

しかし、まさにこの領域こそ、現在社会科学と人文科学の研究にとってもっとも焦眉の主題なのです。集団ヒステリーのあらゆる政治的操作や道具化、あるいはそのさまざまな形態さえも取り除いたならば、残るのは説明されていないナショナリズムの核です。すなわち長いあいだ蓄積された攻撃性の伝統と政治的・歴史的、そして文化的な方向づけの結合なのです。この深層では、国内と国外はたんに適用事例の二つの種類をあらわしているにすぎず、そして反ユダヤ主義とナショナリズムは一つの同じシステムの構成要素なのです。この深層でユダヤ人絶滅の精神史的・心性史的前提条件が追究されなければならないのです。ただし、いうまでもありませんが、これは必要条件であり、十分条件ではありません。

フランスに対抗するドイツ・ナショナリズムの限界

ドイツの国民的自己理解が、たえずフランスを否定的な対象とするなかで形成されてきたということは、少なからぬ同時代人から、さまざまな観点で不幸なことであると受け止められました。この点でトライチュケとルナン〔一八二三〜九二、フランスの宗教学者・文献学者〕は完全に一致していました。このフランス敵視へのこだわりの深刻な結果の一つは次のことです。プロパガンダと民主化の時代に対外的な正当性と説得力を得ることが問題となった場合、こうしたドイツ人の自己規定では世界政治〔帝国主義〕の時代においては理論的に困難であり、実際にも不可能であったということです。

この問題は対外的なプロパガンダによってドイツの立場を説明することの重要性や、世論に対する影響力とその反応が重要性を増すとともに、深刻になっていきました。このため、第一次世界大戦では、同盟国内部における多様性に直面すると、伝統的な国民の排他的な自己理解とそれと対になる敵のイメージでは、ドイツ帝国が本来なんのために戦っているのかを政治的に示す必要性に、もはや対応できなくなっていました。すでにプロパガンダの観点から必要であるものの、国民史の伝統からこの要求に対応できていないということは、リエージュ(リュティッヒ)の攻囲からジークフリート線への退却にいたる過程において示されています。

ヴァルター・ラーテナウ(一八六八〜一九二二、ドイツの「ユダヤ系」企業家・政治家。国粋主義者によって暗殺)は、帝政エリートのあいだで広くみられた政治的・歴史哲学的な袋小路状況を、明確な言葉で表現しています。彼は開戦後三年をへた一九一七年、苦々しげに次のように述べているのです。「われわれは今日なお、なんのために戦っているのかがわかっていない」[17]と。このドイツの国民理解の世界政治的告白がもつ政治的・社会心理的な意味は、どんなに評価してもしすぎることはありません。

このような国民観念の不確実さは、さまざまな側面をもっていました。国内における社会心理的なそれは、たしかに戦時下の規制によって、そしてまた自己防衛の感情もあいまって、すぐに影響力をもったわけではありません。しかしこの不確実さは政治的な側面ももっていました。なぜなら、達成すべき国民的目標に照らして死者と苦難そして飢餓を正当化できる者のみが、はじめて支配と指導の要求を正しいものだと主張することができたからです。戦争目的をめぐる論争は、政治的支配層と経済的支配層のそれぞれにおける方向性の欠如をあまりに明確に白日のもとに晒したのでした。それは政治的指導層をはるかに超えて広がりました。

というのも、それは一八七〇~七一年の戦勝やドイツ帝国の経済的発展によって受け継がれ、諸国民戦争(解放戦争)百周年にあたる一九一三年にさらに強化された自尊心を揺るが

ラーテナウ

Hellmuth G. Dahms, *Deutsche Geschichte im Bild*, Berlin 1991, 263.

すものであったからです。ここで問題にしているのは、ある政治的集合体内部の事象ですが、一方でそれはきわめて多様な社会領域において影響を与えたために、かえって具体的に把握することが難しく、他方ではその影響力自体はきわめて明白に確認することができます。しかし、歴史学はいまだこうしたプロセスの分析と特徴づけのために必要な道具立てと概念をもっていないように思われます。

敗戦によってさらに深刻となったこの不確実さは、ヴァイマル共和国が左右の救世主願望的な政治的対抗要求に抗するなかで負わなければならない負荷でした。シンボルとなる自己表象の競合において、民主制が君主制の伝統に対して勝利することが、共和国にとってもっとも大きな困難となったのは偶然ではありません[18]。

反ユダヤ主義と第一次世界大戦

反ユダヤ主義的なイデオロギー的構成要素や気分が、ナショナルなものと融合しうる時点が一つあったとすれば、それはここ、すなわち第一次世界大戦の終結時に見出すことができます。若さとかそれまでにない新しさを理念にまとめあげ、声高で独善的な集団的運命観によって新しいアイデンティティの約束がつくりあげられ、政治的動員を受け入れさせる心理的・哲学的な要素となった一方、フランスに固定されてきた敵概念が乗り越えられ、それによって空いた場所に反ユダヤ主義が入り込んできました。

この再編成を準備したのは、そのときはまだ完全に旧来の国民的な意味においてでしたが、広範なジャーナリズムの助けを借りて従来のドイツの自己理解の袋小路から抜け出そうとした、トレルチ〔一八六五〜一九二三、ドイツの神学者・政治家〕やオイケン〔一八四六〜一九二六、ドイツの哲学者。一九〇八年ノーベル文学賞受賞〕らの哲学者でした。議会主義のプラグマティズムと民主的な国民的自制心に対抗する歴史哲学的・政治的な正当性の主張は、その根拠が第一次世界大戦のなかで無効であることが立証されてしまったため、新たな根拠を必要としていました。というのも、世界大戦までの一世紀のあいださまざまな政治的変革を超えて、ドイツの国民的自己理解は、諸国民の協調体制のなかに自己の役割があるという理解において引き継がれてきたからです。

一九一三年の諸国民戦争〔解放戦争〕百周年記念祭は、政治階級、そしてさらに広範な国民が、自己を依然として解放戦争とそこで得られた自己理解の伝統との関連において認識していることを示していました。当時のジャーナリズムにおいてときおりみられる皮肉めいた、あるいはこうした認識から距離をおいた論評は、このことを反証するものではなく、

諸国民戦争記念碑　第一次世界大戦前夜の1913年，解放戦争百周年を記念し，戦場であったライプツィヒに巨大な記念碑が造営された。

絵葉書

むしろ逆説的にこの伝統を確証するものなのです。当然のことながらそれは、国民＝民主的、国民＝君主的などさまざまに解釈されたのですが、一九一四年の開戦時における感情の高揚を批判的に観察した者の論評でさえ、開戦〔の正当性〕について党派の境界を超えた原則的な了承があったことを立証しています。同じく明白なことは、第一次世界大戦を一八一三年、一八六六年、一八七〇～七一年の一連の「国民的」戦争のなかにおき、慣れ親しんだ二極モデルを援用してそれを解釈しようとするプロパガンダ活動の存在です。

しかし、このことは戦争が長引くにつれ、破綻していくことになります。戦争の国際政治的情勢、開戦直前・直後のドイツ帝国の〔国内)政治、そして最後に戦争それ自体の動機と目的、これらすべてのものは、伝統的な国民の説明モデルではもはや理解することも、表現することもできないものでした。このことは、ドイツの役割と使命についての理解にも妥当しましたし、敵の概念にも深刻な影響を与えることになります。

ヴァイマル共和国における国民理解の危機

第一次世界大戦の過程で、伝統的な国民的自己理解が崩壊していったことは、敗戦後の危機をさらに深刻化させました。共和国の政治問題は国民的自己理解全体の問題になりましたが、それはヴェルサイユの講和条件だけによるものではありませんでした。ヴァイマル共和国下の政治的・プロパガンダ的な対立は、根本的な国民的自信の喪失が政治システム全体にとって重荷であったことを雄弁に立証しています。「戦場で不敗」であった者が敗戦によって、そのために戦ってこなければならなかった、あるいは戦おうとした目的の基盤を奪われてしまったのです。

信奉者の行動を無条件に容認する国民的・歴史的委任哲学の一世紀は、ここにいたって知識人だけではなく、広範な国民のあいだに漠然とした「何者でもなかったのではないかという不安[19]」、あるいは将来において何者でもなくなってしまうのではないかという不安を生み出しました。ドイツは永続的に存在するというヒトラーのレトリックは、まさにこの政治意識の不安を突いており、社会心理的にいうならば、敗戦のトラウマを克服し、集合的自尊心を再び獲得し、明白さと確実さの世界を手に入れるチャンスを信じ込ませようとしたのです。このレトリックが対象とする統一は、何よりもまず国民と祖国の統一でし

シンボルの分裂　　ヴァイマル共和国下の政治党派の「国旗」。上段は商船旗。共和国にも黒白赤の帝国旗が引き続き商船旗として使用された。上段左は右翼・保守派(ナチスの鍵十字も含まれている)，中段右は共産党の赤旗，左は社会民主党，下段の戦死者には帝国旗の黒白赤旗がおかれている。

Ekkehard Kuhn, *Einigkeit und Recht und Freiheit*, Berlin/Frankfurt am Main 1991, 78.

た。

この二つの情緒的に深く根づいた動員能力と正当化能力との結びつきがあってはじめて、人種観念もまたより広く宣伝することができたのです。ナチスの政治にとって、国民を引合いに出すことは不可欠の前提となっていました。エリック・フェーゲリン〔一九〇一～八五、ドイツ生まれ、オーストリア・アメリカの政治（哲）学者〕が一九三〇年代末に「政治的宗教[20]」という概念において表現した、この国民の「再生」という強力な宗教的要素は、対立の地平に救済のイメージがあることを示す証拠であるといえます。しかしこの救済観念は、ソール・フリートランダー〔イスラエルの歴史家、ホロコースト研究者〕がナチス・ドイツとユダヤ人に関する著作において想定しているように、人種観念の影響下に限定されるものであったわけではありません。むしろ以前の国民的な動機づけが尾を引いており、それなしでは「ユダヤ人」の敵としての定式化はほとんど考えられなかったのです[21]。

戦間期におけるもっともラジカルな政治プロパガンダがもつ終末論的特徴は、政治の急進的な二分法化へといたります。すなわち国民の復活の前に敵が立ちふさがり、彼らの力と遍在が当該国民自身の世界存在的な意味を強調することになります。

あらゆる終末論は、ヨーロッパのそれもそうなのだが、悪魔の象徴をつくりだすことになる。……カントが描く悪魔は人間の本能的衝動のことであった。フィヒテは途方もないことに、ナポレオンを悪の権化の肖像として描いた。実証主義的な終末論には宗教と形而上学が、プロレタリアートにはブルジョワが悪として属し、選ばれた人種には劣等の人種、とくにユダヤ人、が「敵対人種」として属することになる。

とフェーゲリンはいっています[22]。ユダヤ人は敵対人種として新しい国民の終末論にはめ込まれ、以前は国民的に定義されていた敵すなわちフランスに代わって、敵の地位につくようになりました。

ヒトラーと一部のナチ指導層が、ナショナリズムと反ユダヤ主義を新たに組み合わせることができたということは、第一次世界大戦後の集団心理的な空白やそれに対応するイデオロギー的な刻印を指摘することで、説得的に説明をすることはできます[23]。しかし、ドイツ帝国の国民概念がこのように民族的・人種的に新たに定義づけられるということがどのようにして可能になったのかについて理解することは、それほど容易なことではありません。戦争と敗北という短期的な原因に加えて、国民的なプログラムとしての反ユダヤ主義の受容もまた、以前からの前提条件をもっていたということもいえるのではないでしょうか。

「内なる敵」としてのユダヤ人の浮上

ヴァイマル共和国に反対する大学での保守的な議論においても、あるいはナチズムの煽動においても、ヘルマン・リュッベ〔ドイツの哲学者〕が述べているように、「大戦中に戦われた敵は外部の敵であったのに」、今や敵は国内にいると宣言されたのです[24]。その対象となったのは、ある特定の政治的・精神的な傾向、そしてある特定の人間集団でした。すなわち、いわゆる国民的・道徳的「退廃」の担い手を特徴づけ、特定することが問題であったのです。社会民主主義者はこの担い手に属しており、共産主義者はいうまでもありません。とはいえ、〔反共和派と〕共産主義者とは、議会制度に対する敵視において一致してはいたのですが。しかし、社会民主主義者と共産主義者はある程度限定された集団でした。

ナチスの理解によれば、たしかに彼らは撲滅されなければならない存在でしたが、この二つの敵に種々の脅威を言い立てられていたにもかかわらず、ナチスの眼に巨大で普遍的な敵として際立った力を有するものとして映っていたかどうかは疑問です。ビスマルクの時期にはまだ、社会民主主義者は市民層を脅かしていたかもしれませんが、世界大戦の時期、そして社会民主党がはっきりと国家政党、体制政党としての能力を示した一九一八年以降はもはやそうではありませんでした。

たしかに共産主義者については事情は異なります。しかし共産主義者への憎悪も共産主義者への恐怖も、まだ短い歴史しかありませんでしたし、ユダヤ人憎悪やユダヤ人恐怖と比べれば、心理的な定着はどちらかといえば弱かったといえます。ユダヤ人に対するキリスト教的、政治的、生物学的に一体となった情動と動機のほうが、はるかに濃密であったのです。

さまざまなイデオロギー的な闘争概念の情緒的勢力関係にとって特徴的なのは、「ユダヤ的ボリシェヴィズム」というイメージにおいて、敵の表象がもっとも成功したかたちで融合したということです。宗教的、人種主義的、社会的、歴史的、そして政治的要素がここでは一つにまとめられ、必要に応じて個々の要素を前面に出すことが可能であったのです。[25] ナチズムの使命意識にとって、このことは決定的な役割をはたしました。「運動」全体、そして最終的には経済と社会を方向づける国家政治を、当初は表面下で、しかししだいにあからさまに支配したのは、まさにこの敵を求める衝動であったのです。ナチスの歴史的煽動とダイナミズム、さらに各人の人生と歴史的時間を一体化することを正当化したのも、この敵を求める衝動でした。反ユダヤ主義はそれゆえまさにナチ政治の核であり、その助けがあってはじめて普遍的な敵が定式化されるため、そうでなくてはならなかったのです。しかし普遍的な敵とは、ドイツ国民の世界史的使命を証明するものでしたが、それはすでに一度解放戦争後に色褪せ、そして失われ、消え去ってしまったものでした。ナチスの反ユダヤ主義はこの敵を新しい姿で甦らせました。その限りにおいて、それは民族と国民の理想的な過去を将来実現することを約束する、特有の時間的構造によって特徴づけられていました。だからこその熱狂があり、だからこそあの狂信があったのです。

この前提のもとで、誇大妄想的な国民の歴史意識にとって必要な普遍的敵対者イメージとして、ユダヤ人という敵対人種が民族的・国民社会主義的に構築されたということを認めるならば、残る問題は、この新たな国民的・人種的概念形成がドイツの国民によってどの程度認識され、承認されたのか、あるいはただ鵜呑みにされただけなのかということです。

国民社会主義者にとっては本来のイデオロギー的酵素であった敵の設定による刺激自体は、住民の受容においては当初はむしろ大して重要ではなかった、それどころか魅力的なものですらなかったかもしれません。終末論的・世界史的な敵対関係の幻想によって刺激されたナチ指導層の使命意識の明るい側面は、ナチ国民革命の熱狂であり、その自信と情熱を、第一次世界大戦後、インフレーション後、ヴァイマル共和国の政治危機後、政治綱領としての反ユダヤ主義を拒否し、ユダヤ人に対する攻撃を副次的な現象であるとみなそうとしていた一部の国民も、好感を抱くようになりました。つまりユダヤ人に対する過剰な暴力だけではなく、彼らの社会的、政治的、国民的な分離をドイツ人がしだいに受け入れていったこともまた、説明が必要とされているのです[26]。

地域研究から想定されるのは、この分離は一部は国家による差別と並行して、一部はそれに先行するかたちで、短期間のうちに完成したということです[27]。この態度は、ユダヤ人解放の初期からナチ国家にいたる連続線上にあるのでしょうか。どのような展開が、比較的容易に、また無関心のまま受け入れられたユダヤ人の国民からの排除と、その国民人種上の敵としての定式化を準備したのでしょうか。連続性と非連続性は、近年の反ユダヤ主義研究においてどのようにみなされているのでしょうか[28]。

「状況的民族性」としてのユダヤ人

ナショナリズムの場合と同様、反ユダヤ主義に関する研究も長いあいだ、ドイツのユダヤ人に対する敵対関係の諸段階と諸類型を区分することに集中してきました。その際「伝

「背後の一撃」　第一次世界大戦の敗因は，前線での敗北ではなく，銃後の裏切りであったとする言説において，ユダヤ人はその中心的存在とみなされた。1923年の絵葉書から。

統的ユダヤ人憎悪」と「政治的反ユダヤ主義」のあいだの断絶が、重要な役割をはたしていました。反ユダヤ主義の諸類型は、政治史と軌を一にして展開してきました。帝政期はそれゆえユダヤ人解放の時代のあとの一つの断絶であり、世界大戦やナチズムはそれに続く裂け目を形成しました。しかしながら、連続性と非連続性のどちらをより強調するのかは、副次的なものにすぎません。というのも、どちらの場合でも問題は一つだからです。すなわちどのような集団的な政治的、また心性的な前提のうえに、ドイツとヨーロッパのユダヤ人の排除と絶滅が可能であったのか、という問題です。

短期的・長期的条件の束の輪郭がすぐに描

Helmut Gotd/Georg Heuberger (Hg.), *Abgestempelt*, Heidelberg 1999, 268.

かれなければなりません。そこにはまず、ユダヤ人解放の初期からヴァイマル共和国にいたるまで、時代によってさまざまに表現された潜在的ユダヤ人敵視の連続性があります。ユダヤ人はたしかにときにドイツ人よりもドイツ的であることもありましたが、決してドイツ人と同じようにドイツ的ではありませんでした。ドイツ人とユダヤ人のあいだには相互的な「状況的民族性」が支配していました。[29]「状況的民族性」は、ユダヤ人がさまざまな異なる社会的関連や役割において自らをたしかにドイツ人に属していると感じ、他のグループからもそのようなものとして認められる一方、自分自身をなによりもまずユダヤ人として理解する権利を求める空間ももっていた、ということです。

この二元性が根本的に問題視されない限りにおいて、ユダヤ人は比較的安全に多様な属性をもったまま活動することができました。一つの忠誠心が別の忠誠心と競わされることはありませんでした。しかしユダヤ人は特別に、国民として参加するための留保条件の対象となっていました。他の集団に対してよりもずっと強力に、ユダヤ人にはドイツ人というアイデンティティが最優先されるべきアイデンティティであることを証明するよう強制することができたということです。そして、逆説的ではありますが、ユダヤ人が自分を国民として正当化しなければならないのと同じ程度に、彼らの国民としての、ドイツ人としての存在を否定することも可能であったのです。

独仏戦争後、そして第一次世界大戦後のユダヤ人共同体の側における、祖国のためにユダヤ人兵士の動員を立証しようとする多大な努力は、このことをよく物語っています。ユダヤ人は一世紀をへてもなお、証明を必要とするドイツ人であったのです。彼らが国民的・人種的に信用がおけないという嫌疑は保持されていました。このことの理由はさまざまでした。国民的な文脈において重要だと思われるのは、国内のユダヤ人が、伝統的にフランス人が大部分体現してきたものを表象することができたということです。

第一に挙げるべきは反キリスト教的要素であり、それはフランス人に対してもユダヤ人に対しても主張され、解放戦争の時期からドイツ国民の自己理解と密接に結びついていたものでした。それとともに出てくるのが、退廃(デカダンス)という道徳的な非難です。そして最後に、ユダヤ人はフランス人と同じようにドイツ国民を「堕落させる者」、すなわちドイツ人の国民的偉大さと世界史的使命を妨害する者であるとみなされました。

ユダヤ人に対するドイツ国家への参加の提案、それは決して留保条件なしではありませんでしたが、それが今や攻撃と急進的な排除へと反転したのです。このことは、心性史的には完全に伝統的なキリスト教の反ユダヤ主義を土台として起こりうることでした。この現象の国家的重要性にとっては、帝政期の政治的反ユダヤ主義が決定的であったといえます。当時反ユダヤ主義政党の形成が明らかに失敗したということは、このことに矛盾するものではありません。ユダヤ人敵視は今や二重の顔をもつようになりました。それはある「文化コード」[30]において保持されましたが、そこではまさにユダヤ人の「他者性」が蓄積されていました。政治的反ユダヤ主義はさらに、国家の政治的・行政的領域における障害を飛び越えてしまいました。

ただし、この二つの構成要素が相互に結びつかない限りにおいて、反ユダヤ主義の潜在的な攻撃力は限定的なものにとどまっていました。しかし、それは危機の時期には突如として変化することがあります。一九一六年ドイツ陸軍における「ユダヤ人統計調査」[訳注2]は、この点において決定的な転機であったといえます[31]。それは反ユダヤ主義が第一次世界大戦期に、傷ついた絶望的な国民的使命感と、漠然とした救済願望によって強化されたことの強力な証拠なのです。

「状況的民族性」から「絶対的他者」へ

急進的な反ユダヤ主義者であった陸軍中佐マックス・バウアー（一八七五〜一九二九、ドイツ軍参謀。第一次世界大戦時にはルーデンドルフの部下〕が、一九一七年三月のある覚書において、「われわれは世界新時代の入り口に立っているのであり、重大な使命がはたされなければならない。この解決が成功すれば、世界はゲルマン人のものとなるであろう。成功しなければ、われわれは没落に身を委ねることになるであろう」と述べるとき[32]、このことは陸軍において、とくに全面的な動員以前に浄化イメージが勢いを得ていたことを示唆しているのです。

この浄化イメージはフランス革命以来、ヨーロッパのいたるところで、国民なるものの確固たる構成要素でした。このイメージには、十九世紀後半に広まる生物学至上主義以前に、絶滅観念と救済観念が互いに絡み合っていました。この浄化において国民的・政治的な任務と宗教的な使命が出会ったのです。人種主義と生物学至上主義がここに据えられた二元性をさらに急進化させました。反ユダヤ主義とナショナリズムの結びつきはそれゆえ、世界史的な使命としての浄化の理念において、もっとも明確に把握することができます。「状況的民族性」――それはまた「状況的国民性」をも包含するものでしたが――から全面的民族性への道程は、第一次世界大戦ののち短縮されることになります。

一般的な、戦争に限定された「野蛮化」[33]だけが、その原因であったわけではありません。「野蛮化」はまた、ここで概略的に述べたように、第一次世界大戦後、内に向けられた浄化イメージという国民的・歴史哲学的救済を最終的に保証するものになったからです。そのため、ヴァイマル共和国の政治システムの不安定さの少なからぬ部分が、国民的独裁かプロレタリアートの独裁のどちらかに求められた超越的・歴史的な論理の暴力的な原状回復に起因するものでした。

一九三三年以降、ユダヤ人の状況的国民性はしだいに（固定化された）異種民族性や敵対民族性へと再定義されていきました。第二次世界大戦の時期、すなわち脅威の時代、そして国民の、つまりは世界の運命の時代において、ユダヤ人が普遍的な敵として、国民人種主義的な意味と社会的隔離から最終的に絶滅という最後の現実へと力づくで追いやられたということは、本質的にそれ以前に完成していた国民の自己理解の新たな編成の帰結であったのです[34]。

世界政治的な使命の空白は、今や過剰なまでに満たされることになりました。ナチスの歴史的な煽動と国民的熱狂に従った者は、それによって暗黙のうちに、最後の全面的な敵対関係を選ぶことを決心したのです。なぜなら、それなしにはナチズムの活力、自信、説得力は考えられないものであったからです。そしてまた、最後の敵対関係の歴史の終焉とともに、人類的な意義を与えるという意味でのドイツ国民の歴史も終わりを告げたのです。

1 S. Volkov, Nationalismus, Antisemitismus und die deutsche Geschichtsschreibung, in: M. Hettling/P. Nolte (Hg.), *Nation und Gesellschaft in Deutschland. Historische Essays*, München 1996, 217.

2 D. J. Goldhagen, *Hitlers willige Vollstecker. Ganz gewöhnliche Deutsche und der Holocaust*, Berlin 1996. 批判については R. B. Birn の *Historical Journal*, 40, 1(1997), 195–215 の書評、さらに D. Pohl, Die Holocaust-Forschung und Goldhagens Thesen, in: *Vierteljahreshefte für Zeitgeschichte* 45, Januar 1997, 1–48 を参照。

3 このドイツ史の宿命性の表現は、いわば歴史的・政治的常套句の一つに数えられるものであり、以下の著作においては表題となっている。W. Hanstein, *Von Luther bis Hitler. Ein wichtiger Abriß deutscher Geschichte*, Dresden 1947. ただし、この表現はポジティブな系譜学としてナチスの自己解釈にも対応するものであったともいえるであろう。

4 Volkov, 208.

5 C. Browning, *Ganz normale Männer. Das Reserve-Polizeibataillon 101 und die 'Endlösung' in Polen*, Reinbeck 1993（谷喬夫訳『普通の人びと——ホロコーストと第一〇一警察予備大隊』筑摩書房、一九九七年）.

6 D. Langewiesche, Nation, Nationalismus, Nationalstaat: Forschungsstand und Entwicklungsperspektiven, in: *Neue Politische Literatur* 40, 1995, 90–136.

7 D. Langewiesche, *Nationalismus im 19. und 20. Jahrhundert: zwischen Partizipation und Aggression*, Bonn 1994.

8 代表例として、O. Dann, *Nation und Nationalismus in Deutschland 1770–1990*, München 1993（末川

清・姫岡とし子・高橋秀寿訳『ドイツ国民とナショナリズム一七七〇～一九九〇』名古屋大学出版会、一九九九年).

9 Langewiesche, Nation, Nationalismus, Nationalstaat, 97.

10 W. Altgeld, *Katholizismus, Protestantismus, Judentum. Über religiös begründete Gegensätze und national-religiöse Ideen in der Geschichte des deutschen Nationalismus*, Mainz 1992.

11 *Ebenda*, 210.

12 *Ebenda*, 206.

13 理論的な概観については以下を参照。R. Koselleck, Zur historisch-politischen Semantik asymmetrischer Gegenbegriffe, in: Ders., *Vergangene Zukunft. Zur Semantik geschichtlicher Zeiten*, Frankfurt am Main 1979, 211–259.

14 以下については、拙著を参照。M. Jeismann, *Das Vaterland der Feinde. Studien zum nationalen Selbstverständnis und Feindbild in Deutschland und Frankreich 1792–1918*, Stuttgart 1992. イギリスについては、L. Colley, *Britons. Forging the Nation 1707–1837*, New Haven/London 1992（川北稔訳『イギリス国民の誕生』名古屋大学出版会、二〇〇〇年)を参照。

15 この点に関しては、D. Richter, *Naiton als Form*, Opladen 1996を参照。リヒターは論理学者スペンサー、ブラウンの概念を援用しつつ、敵対関係にいたるまでの考えられうる排除の段階について、説得的に議論している。

16 そのように論じているものとしてたとえば以下を参照。J. Vogel, *Nationen im Gleichschritt. Der Kult der 'Nation in Waffen' in Deutschland und Frankreich, 1871–1914*, Göttingen 1997, 149.

17 W. Rathenau, *Briefe. Neue endgültige Ausgabe in drei Bänden*, Dresden 1930, Bd. 1, 303.

18 この点については以下を参照。D. Lehnert/K. Megerle (Hg.), *Politische Identität und nationale Gedenktage. Zur politischen Kultur in der Weimarer Republik*, Opladen 1989; A. Heffen, *Der Reichskunstwart. Kunstpolitik in den Jahren 1920–1933. Zu den Bemühungen um eine offizielle Reichskunstpolitik in der Weimarer Republik*, Essen 1986. さらに参照。A. Bonte, *Werbung für Weimar? Öffentlichkeitsarbeit von Großstadtverwaltungen in der Weimarer Republik*, Mannheim 1997.

19 P. Berghof, *Der Tod des politischen Kollektivs. Politische Religion und das Sterben und Töten für Volk, Nation und Rasse*, Berlin 1997, 151.

20 E. Voegelin, *Die politischen Religionen*, hg. und mit einem Nachwort versehen von Peter J. Opitz, München 1993. これについては以下を参照。M. Ley/J. Schoeps (Hg.), *Der Nationalsozialismus als politische Religion*, Mainz 1997.

21 S. Friedländer, *Nazi Germany and the Jews*, Vol.1. The Years of Persecution, 1933–1939, London 1997. フリートランダーは彼の著作の一章（七三〜一一二頁）を「救済的反ユダヤ主義」にあてているが、国民と祖国のイメージへの関連にはまったく立ち入っていない。まさに救済の強迫観念は、近代国民観念の精神史的・心理的な背景なしにはその影響力を理解することはまったく不可能である。

22 Voegelin, 52. これに関してはさらに参照。M. Jeismann, Die kollektive Selbstbeherrschung. Ansichten eines Scheiterns, in: Ders. (Hg.), *Obsessionen. Beherrschende Gedanken im wissenschaftlichen Zeitalter*, Frankfurt am Main 1995, 9–23.

23 ウルリヒ・リンゼが非常に印象的に示したように、ヒトラーは激しい救済者競争のただなかにあった。

U. Linse, *Barfüßige Propheten. Erlöser der zwanziger Jahre*, Berlin 1983（奥田隆男・望田幸男・八田恭昌訳『ワイマール共和国の預言者たち——ヒトラーへの伏流』ミネルヴァ書房、一九八九年）.

24 H. Lübbe, *Politische Philosophie in Deutschland*, München 1974, 234（今井道夫訳『ドイツ政治哲学史——ヘーゲルの死より第一次世界大戦まで』法政大学出版局、一九九八年）.

25 特徴的なのは、まずはロシアとポーランドのユダヤ人がドイツの大量射殺の犠牲者であったということである。ドイツのユダヤ人に関しては当初躊躇されたが、それは大規模な抗議によるものでもあった。この問題に関する最新の研究状況は「最終解決」の特集を組んだ以下において確認することができる。*Werkstatt Geschichte*, 18 (1997).

26 責任問題にとって、この無関心であったということは中心的な位置を占めており、戦後個人の責任への内省がおこなわれなかったことに大きく寄与することになった。活動的なナチスはつねに他人であったとされたのである。これについての鋭敏な研究として以下を参照。G. Schwan, *Politik und Schuld. Die zerstörerische Macht des Schweigens*, Frankfurt am Main 1997, とくに一五四頁以下。ドイツ人住民における自発的な暴力行使の態勢については、以下における新たな知見を参照。M. Wildt, Gewalt gegen Juden in Deutschland 1933–1939, in: *Wertstatt Geschichte* 18, November 1997, 59–82.

27 この点については、以下を参照。W. Freitag (Hg.), *Das Dritte Reich im Fest. Führermythos, Feierlaune und Verweigerung in Westfalen 1933–1945*, Bielefeld 1997; D. Bankier, *Die öffentliche Meinung im Hitler-Staat. Die 'Endlösung' und die Deutschen. Eine Berichtigung*, Berlin 1995 は、反ユダヤ主義は住民においてそのすべてが全体として受け入れられたわけではなかったことを強調している。われわれの文脈において注目すべきは、反ユダヤ主義は経済的・軍事的成功が持続する限りにおいて受け入れられたという、

バンキーアの説明である。熱狂とともに普遍的な敵への信念もまた明らかに消えていったのである。

28 H. Berding, *Moderner Antisemitismus in Deutschland*, Frankfurt am Main 1988. 連続性の問題や以前の著作に対する微妙な変更の追加の観点から要約したものとして、同じ著者の以下の文献を参照。Antisemitismus in der modernen Gesellschaft, in: M. Hettling/P. Nolte (Hg.), *Nation und Gesellschaft in Deutschland. Historische Essays*, München 1996, 192–207; W. Benz/W. Bergmann (Hg.), *Vorurteil und Völkermord. Entwicklungslinien des Antisemitismus*, Freiburg/Basel/Wien 1997; R. Rürup, *Emanzipation und Antisemitismus*, Göttingen 1975.

29 この概念をドイツ史の議論に導入したものとして、以下を参照。T. van Rahden, Weder Milieu noch Konfession. Die situative Ethnizität der deutschen Juden im Kaiserreich in vergleichender Perspektive, in: O. Blaschke/F.-M. Kuhlemann (Hg.), *Religion im Kaiserreich. Milieus, Mentalitäten, Krisen,* Gütersloh 1996, 409–434.

30 S. Volkov, Antisemitismus als kultureller Code, in: Dies. (Hg.), *Jüdisches Leben und Antisemitismus im 19. und 20. Jahrhundert*, München 1990, 13–36. 解放のアポリアの文学的な日常体験については、以下の重要な研究を参照。H. -J. Neubauer, *Judenfiguren. Drama und Theater im frühen 19. Jahrhundert*, Frankfurt am Main/New York 1994.

31 E. Zechlin, *Die deutsche Politik und die Juden im Ersten Weltkrieg*, Göttingen 1969. 特筆すべき要約として以下を参照。M. Messerschmidt, Juden im preußisch-deutschen Heer, in: Militärgeschichtlichen Forschungsamt Potsdam, bearbeitet von F. Nägler (Hg.), *Deutsche Jüdische Soldaten. Von der Epoche der Emanzipation bis zum Zeitalter der Weltkriege. Ausstellungskatalog*, Hamburg/Berlin/Bonn 1996, 39–63.

32 Messerschmidt, 52 からの引用。

33 典型的な記録として以下を参照。E. Mühsam, *Tagebücher, 1910–1924*, München 1994.

34 「意図派」と、ユダヤ人殺害の計画と実行の偶発的な過程的推移をより強調する者との対立は、この観点からみればあまり生産的なものであるとはいえない。さらにまた、対立するものとして仮定されているものは決して相互に背反するものでもない。これについては、以下を参照。H. Friedländer, *Der Weg zum NS-Genozid. Von der Euthanasie zur Endlösung,* Berlin 1997; G. Aly, *'Endlösung'. Völkerverschiebung und der Mord an den europäischen Juden,* Frankfurt am Main 1995（三島憲一・山本尤訳『最終解決――民族移動とヨーロッパのユダヤ人の殺害』法政大学出版局、一九九八年）; P. Burrin, *Hitler und die Juden*, Frankfurt am Main 1993（佐川和茂・佐川愛子訳『ヒトラーとユダヤ人――悲劇の起源をめぐって』三交社、一九九六年）; H. Mommsen, Die Realisierung des Utopischen. Die 'Endlösung der Judenfrage' im Dritten Reich, in: *Geschichte und Gesellschaft* 9 (1983), 381–420. さらに以下の研究動向概観も参照。T. van Rahden, Ideologie und Gewalt. Neuerscheinungen über den Antisemitismus in der deutschen Geschichte des 19. und frühen 20. Jahrhunderts, in: *Neue Politische Literatur* 41 (1996), 11–29; M. Marrus, The History of the Holocaust: A Survey of Recent Literature, in: *Journal of Modern History* 59 (1987), 114–160.

訳註1 ホロコーストにいたるナチス・ドイツのユダヤ人迫害の急進化について、ヒトラーなど権力の中枢にあった支配者の意図の実現という観点から分析する「意図派」に対し、ナチスの権力構造そのもののダイナミズムを重視し、そのプロセスに着目する立場が「機能派」と呼ばれる。命名はイギリスの歴

史家ティム・メイソンによるものであったが、近年では収斂する方向にある。詳しくは、イアン・カーショー（石田勇治訳）『ヒトラー――権力の本質』白水社、一九九九年参照。

訳註2　一九一六年末、プロイセン陸軍省によっておこなわれた、野戦部隊・後方部隊、占領軍、さらに一時的除隊者、兵役猶予者におけるユダヤ人の人数の集計・統計調査。その背景には、ナショナリスト団体によって戦時利得者としてのユダヤ人というイメージが喧伝されたことがあった。調査自体はユダヤ人団体などの抗議もあり、翌年初めに中止された。戦後の調査によれば、ユダヤ人の動員率、志願兵、犠牲者の割合は他宗派のドイツ人とほぼ同じであったが、反ユダヤ主義のグループはその信憑性を否定する一方、ユダヤ人側は調査の対象となることで「二流国民」として扱われていることに対し、強く反発した。

西山暁義　訳

London 1996.
Smith, Helmut Walser, *German Nationalism and Religious Conflict. Culture, Ideology, Politics, 1870–1914,* Princeton 1995.
—— (ed.), Protestants, Catholics and Jews in Germany 1800–1914, Oxford 2001 (Wolfgang Altgeld, *Religion, Denomination and Nationalism in Nineteenth-Century Germany* 所収).
Vanchena, Lorie A., *Political Poetry in Periodicals and the Shaping of German National Consciousness,* New York 2000.
Volkov, Shulamit, *Germans, Jews, and Antisemites: Trials in Emancipation,* Cambridge 2006.
Weitz, Eric D., *A Century of Genocide: Utopias of Race and Nation,* Princeton 2005.

München 2001.
Geulen, Christian, *Wahlverwandte: Rassendiskurs und Nationalismus im späten 19. Jahrhundert,* Hamburg 2004.
Hagemann, Karen, *'Männlicher Muth und Teutsche Ehre'. Nation, Militär und Geschlecht zur Zeit der Antinapoleonischen Kriege Preußens,* Paderborn 2002.
Hoffmann, Christhard/Werner Bergmann/Helmut Walser Smith (eds.), *Exclusionary Violence: Antisemitic Riots in Modern German History,* Ann Arbor 2002.
Höpel, Thomas (Hg.), *Deutschlandbilder-Frankreichbilder 1700–1850: Rezeption und Abgrenzung zweier Kulturen*, Leipzig 2001.
Jahr, Christoph/Uwe Mai/Kathrin Roller (Hg.), *Feindbilder in der deutschen Geschichte*, Berlin 1994.
James, Pierre, *The Murderous Paradise: German Nationalism and the Holocaust,* Westport (Conn.) 2003.
Krumeich, Gerd/Hartmut Lehmann (Hg.), *Nation, Religion und Gewalt im 19. und frühen 20. Jahrhundert,* Göttingen 2000.
Langewiesche, Dieter, Nation, Nationalismus, Nationalstaat in Deutschland und Europa, München 2000.
Levinger, Matthew, *Enlightened Nationalism. The Transformation of Prussian Political Culture, 1806–1848,* Oxford 2000.
Neisen, Robert, *Feindbild, Vorbild, Wunschbild. Eine Untersuchung zum Verhältnis von britischer Identität und französischer Alterität 1814–1860*. Würzburg 2004.
Nolan, Michael E., *The Inverted Mirror: Mythologizing the Enemy in France and Germany 1898–1914,* Providence 2004.
Raithel, Thomas, *Das »Wunder« der inneren Einheit. Studien zur deutschen und französischen Öffentlichkeit bei Beginn des Ersten Weltkrieges,* Bonn 1996.
Schäfer, Julia, *Vermessen-gezeichnet-verlacht Judenbilder in populären Zeitschriften 1918–1933*. Frankfurt am Main 2005.
Schulin, Ernst, *'The Most Historical of all Peoples'. Nationalism and the New Construction of Jewish History in Nineteenth Century Germany,*

ドイツの国籍とネーション――国籍形成の比較歴史社会学』明石書店　2005
ヘルムート・プレスナー(土屋洋二訳)『遅れてきた国民――ドイツ・ナショナリズムの精神史』名古屋大学出版会　1991
ヨースト・ヘルマント(識名章喜訳)『理想郷としての第三帝国――ドイツ・ユートピア思想と大衆文化』柏書房　2002
エリック・J・ホブズボーム(浜林正夫・嶋田耕也・庄司信訳)『ナショナリズムの歴史と現在』大月書店　2001
松本彰・立石博高編『国民国家と帝国――ヨーロッパ諸国民の創造』山川出版社　2005
望田幸男・橋本伸也編『ネーションとナショナリズムの教育社会史』昭和堂　2004
村瀬興雄編『現代独仏関係の展開』日本国際問題研究所　1970
ジョージ(ゲオルゲ)・L・モッセ(佐藤卓己・佐藤八寿子訳)『大衆の国民化――ナチズムに至る政治シンボルと大衆文化』柏書房　1994
――(植村和秀・城達也訳)『フェルキッシュ革命――ドイツ民族主義から反ユダヤ主義へ』ミネルヴァ書房　1998
――(宮武実知子訳)『英霊――創られた世界大戦の記憶』柏書房　2002
ウルリヒ・リンゼ(奥田隆男ほか訳)『ワイマル共和国の予言者たち――ヒトラーへの伏流』柏書房　1989
エルネスト・ルナンほか(鵜飼哲ほか訳)『国民とは何か』インスクリプト　1997（ほか，J・G・フィヒテ『ドイツ国民に告ぐ』〈抄訳〉等を所収）

Baycroft, Timothy/Mark Hewitson (eds.), *What is a Nation? Europe 1789–1914*, Oxford 2006.
Berger, Stefan, *Germany (Inventing the Nation)*, London 2004.
Brumlik, Micha, *Deutscher Geist und Judenhass. Das Verhältnis des philosophischen Idealismus zum Judentum*, München 2000.
Echternkamp, Jörg, *Der Aufstieg des deutschen Nationalismus (1770–1840)*, Frankfurt am Main 1998.
François, Etienne/Hagen Schulze, *Deutsche Erinnerungsorte*. 3Bde.,

読者のための参考文献

モーリス・アギュロン(阿河雄二郎ほか訳)『フランス共和国の肖像——闘うマリアンヌ　1789～1880』ミネルヴァ書房　1989
ベネディクト・アンダーソン(白石さや・白石隆訳)『想像の共同体——ナショナリズムの起源と流行(増補)』NTT 出版　1997
マルコム・アンダーソン(土倉完爾・古田雅雄訳)『戦後ヨーロッパの国家とナショナリズム』ナカニシヤ出版　2004
伊藤定良『ドイツの長い一九世紀——ドイツ人・ポーランド人・ユダヤ人』青木書店　2002
大原まゆみ『ドイツの国民記念碑　1813年～1913年——解放戦争からドイツ帝国の終焉まで』東信堂　2003
フランク＝ロタール・クロル(小野清美・原田一美訳)『ナチズムの歴史思想——現代政治の理念と実践』柏書房　2006
アーネスト・ゲルナー(加藤節監訳)『民族とナショナリズム』岩波書店　2000
小坂井敏晶『民族という虚構』東京大学出版会　2002
リンダ・コリー(川北稔監訳)『イギリス国民の誕生』名古屋大学出版会　2000
アントニー・スミス(高柳先男訳)『ナショナリズムの生命力』晶文社　1987
——(一條都子訳)『選ばれた民——ナショナル・アイデンティティ，宗教，歴史』青木書店　2007
クルト・ゾントハイマー(河島幸夫・脇圭平訳)『ワイマール共和国の政治思想——ドイツ・ナショナリズムの反民主主義思想』ミネルヴァ書房　1976
オットー・ダン(末川清・姫岡とし子・高橋秀寿訳)『ドイツ国民とナショナリズム——1770～1990』名古屋大学出版会　1999
遅塚忠躬・近藤和彦編『過ぎ去ろうとしない近代——ヨーロッパ再考』山川出版社　1993
ピエール・ノラ編(谷川稔監訳)『記憶の場　フランス国民意識の文化＝社会史』全3巻　岩波書店　2002～03
ロジャース・ブルーベイカー(佐藤成基・佐々木てる訳)『フランスと

Zeichenlehre: Vom nationalen Kriegsgedenken zum kulturellen Gedächtnis, in: *Bulletin trimestriel de la fondation Auschwitz*; 66 (2000), Special.

(Hg.) *Ein Jahrtausend wird besichtigt*. 11Bde, München 2000–2001.

Auf Wiedersehen gestern. Die deutsche Vergangenheit und die Politik von morgen, Stuttgart 2001.

(Hg.), *Mahnmal Mitte. Eine Kontroverse*, Köln 2002.

Nationalhymne, in: Etienne François u.a. (Hg.), *Deutsche Erinnerungsorte*, München 2001, Bd.3.

Einführung in die neue Weltbrutalität: zweimal 'Verbrechen der Wehrmacht': von der alten zur neuen Bundesrepublik, in: Martin Sabrow, Ralph Jessen, Klaus Grose Kracht (Hg.), *Zeitgeschichte als Streitgeschichte: grosse Kontroversen seit 1945*, München 2003.

Erinnerung und Intervention: Wozu nutzt das politische Gedächtnis?, in: Martin Sabrow (Hg.), *Abschied von der Nation?: Deutsche Geschichte und europäische Zukunft*, Leipzig 2003.

Völkermord und Vertreibung: Medien der Europäisierung?, in: *Historische Anthropologie* 12 (2005) ［辻英史訳で「ホロコースト・テロル・追放——新しいヨーロッパ共通の記憶とは？」と題して，『ヨーロッパ研究』(東京大学ドイツ・ヨーロッパ研究センター) 6巻，2007年に掲載］.

Nation, identity, and enmity: Toward's a theory of political identification, in: Timothy Baycroft/Mark Hewitson (ed.), *What is a Nation? Europe 1789–1914*, Oxford.

ミヒャエル・ヤイスマン主要著作

Was bedeuten Stereotypen für nationale Identität und politisches Handeln? in: Jürgen Link (Hg.), *Nationale Mythen und Symbole in der zweiten Hälfte des 19. Jahrhunderts: Strukturen und Funktionen von Konzepten nationaler Identität*, Stuttgart 1991, 84–93.

Das Vaterland der Feinde: Studien zum nationalen Feindbegriff und Selbstverständnis in Deutschland und Frankreich 1792–1918, Stuttgart 1992 (フランス語版 : *La Patrie de l'ennemi*, Paris 1997).

Jeismann/Henning Ritter (Hg.), *Grenzfälle. Über neuen und alten Nationalismus*, Leipzig 1993.

Jeismann/Manfred Hettling, Der Weltkrieg als Epos. Philipp Witkops' Briefe gefallener Studenten in: Gerd Krumeich et al. (Hg.), *'Keiner fühlt sich hier mehr als Mensch ...'. Erlebnis und Wirkung des Ersten Weltkriegs*, Essen 1993, 175–198.

Jeismann/Reinhart Koselleck (Hg.), *Der politische Totenkult: Kriegerdenkmäler in der Moderne*, München 1994. そのなかに，Jeismann/Rolf Westheider, Wofür stirbt der Bürger? Nationaler Totenkult und Staatsbürgertum in Deutschland und Frankreich seit der Französischen Revolution.

(Hg.), *Obsessionen. Beherrschende Gedanken im wissenschaftlichen Zeitalter*, Frankfurt am Main 1995.

Frankreich, Deutschland und der Kampf um die europäische Zivilisation, in: Helga Abret (Hg.), *Visions allemandes de la France (1871–1914) = Frankreich aus deutscher Sicht (1871–1914)*, Bern 1995.

L'inimitie des nations: Contributions a une theorie de l'identite politique, in: *Revue germanique internationale*, 4 (1995).

"Feind" und "Vaterland" in der frühen deutschen Nationalbewegung 1806–1815", in: Ulrich Herrmann (Hg.), *Volk - Nation - Vaterland*, Hamburg 1996.

Der letzte Feind: Die Nation, die Juden und der negative Universalismus, in: Peter Alter (Hg.), *Die Konstruktion der Nation gegen die Juden*, München 1999, 173–190.

ミヒャエル・ヤイスマン(Michael Jeismann)

1958年，ミュンスター(ドイツ，ノルトライン＝ヴェストファーレン州)生まれ
1982-84年，ビーレフェルト大学ティーチング・アシスタント(ラインハルト・コゼレック教授)
1985-87年，ゲオルク・エッカート国際教科書研究所研究員
1986-93年，ビーレフェルト大学助手(ラインハルト・コゼレック教授)
1991年，博士号取得(ビーレフェルト大学)
1993年，『フランクフルター・アルゲマイネ』紙編集委員(現在に至る)
2003年，バーゼル大学客員教授(現在に至る)
2004年，『過去よ、さらば』(*Auf Wiedersehen gestern*)で，ジャン・アメリー賞受賞

木村靖二　きむら せいじ（編者）
1943年生まれ。大学評価・学位授与機構教授，東京大学名誉教授
主要著書：『兵士の革命――1918年ドイツ』（東京大学出版会 1988），『新版世界各国史13 ドイツ史』（編著，山川出版社 2001），『二つの世界大戦』（山川出版社 2005）

辻　英史　つじ ひでたか（訳者）
1971年生まれ。東京大学大学院総合文化研究科助教，博士（学術）
主要論文：「貧困と名誉――19世紀ドイツ都市における公的救貧事業」（学位論文，東京大学 2005），「「社会の雨，社会の嵐」――近代ドイツの社会改良運動と社会調査」（『歴史と地理』 2005年11月号），「19世紀後半ドイツ都市における「共和主義」理念と公的救貧事業の展開」（『立正史学』 第110号 2007）

西山暁義　にしやま あきよし（訳者）
1969年生まれ。共立女子大学国際学部専任講師，博士（文学）
主要論文：「郷土と祖国――ドイツ第2帝政期アルザス・ロレーヌ民衆学校における「地域」」（『歴史評論』 第599号 2000），「最後の授業・最初の授業――ドイツ第2帝政期エルザス・ロートリンゲン（1871-1918年）における初等教育政策」（学位論文，東京大学 2003）「19世紀ドイツにおける国民国家と地域――近年の欧米の研究から」（『共立国際文化』 第24巻 2007）

YAMAKAWA LECTURES
4
国民《こくみん》とその敵《てき》

2007年6月10日　第1版1刷　印刷
2007年6月20日　第1版1刷　発行

著者　ミヒャエル・ヤイスマン

編者　木村靖二《きむらせいじ》

発行者　野澤伸平

発行所　株式会社山川出版社
〒101-0047 東京都千代田区内神田1-13-13
電話03(3293)8131(営業)8134(編集)
http://www.yamakawa.co.jp
振替00120-9-43993

印刷所　明和印刷株式会社

製本所　株式会社手塚製本所
装幀　菊地信義
 ISBN978-4-634-47504-5